法人顧客からの受注を10倍にする FAXDM × WEB 活用の集客術

伊之上隼 著

セルバ出版

はじめに

本書では、私　伊之上　隼（以下、筆者）が実際に自社において試し、ノウハウ化した法人顧客の開拓方法をバンバン公開していきます。

とはいっても、筆者のことを知らない方がほとんどだと思いますので、最初に自己紹介させてください。

現在、株式会社ファーストストラテジーという「ＦＡＸＤＭ」を代行で配信するということを主なサービスとした会社の代表を務めさせて頂いております。

・設立から現在まで（６年間）の既存法人クライアント数は、約６５００社。
・年商は約2億５０００万円の会社で、毎年増収増益。

クライアント様の名前は都合上、述べることはできませんが、地域の飲食店や保険屋さんをはじめ、世界的大企業の会社様や一部、二部上場企業からも毎日のように依頼が入っています。

こんなことを述べると、よくあるベンチャー企業で、朝から深夜までハードワークして駆け抜けてきた会社なのだろうと思われますよね。

・弊社では、新規営業活動はなし
・スタッフは全員、営業時間の19時以降1時間以内に帰宅。
・営業トークができる人間は皆無（全員素人）

もちろん、これまでの6年の経験を踏まえ、これからはより高みを目指して、さらなる改善を行おうと思っておりますが、現状でこれだけの実績をつくることができたのです。

なぜこれだけの実績を出すことができたのか?

それは、「対象が法人だったから」です。

法人企業の新規開拓は難しい……そう思うのも当然です。

私も、以前はそう強く思っていましたから。

というより法人への集客なんて無名企業にできるわけないと思っていました。だって、そう思いますよね。法人が無名な企業に簡単に財布を開くわけがないって。

では、そんなことを思っていた私が法人企業の新規開拓が簡単だと言えるようになったのか。

それは、FAXDMとWEBという法人へ直接アプローチするダイレクトレスポンスマーケティング(以下DRM)の武器を手に入れたからです。

DRMという手法をすでにご存じな方も多いと思います。DRMとはその名の通り、受け手に直接返信を促すマーケティング手法で、日本では神田昌典さんが「あなたの会社が90日で儲かる」(フォレスト出版)で紹介し、今、世の中で情報販売事業において個人向けに拡がっています。

この手法はもともと化粧品やサプリメントなどの通販業界で当たり前につかわれていた手法ですが、実は「法人集客」にもっとも効果的に活用できる手法なのです。

法人と接触するのは武器なしでは当然、非常に難しいものです。

しかし、ＦＡＸＤＭはどの企業にも普通にあるＦＡＸ機へ、ＤＭとして情報を送る手法で、１枚５円と非常に安いコストで送ることができます。

ＷＥＢマーケティングは企業の担当者が情報を探す時に、あなたの会社の情報が見つけやすくする対策を打てば、自らあなたの会社に問い合わせをしてくれます。

弊社はこの2つのツール「ＦＡＸＤＭとＷＥＢ」の可能性に気づき、それを徹底的に活かすことで、６５００社もの企業を開拓することができたのです。

本書では、ＦＡＸＤＭを中心に法人開拓手法を公開しております。

実践していただければ、法人へ気合いと根性の無理な営業を行うことが不要になります。

本書を読み終わった後、あなたの法人企業開拓のイメージが変わり、法人集客ってこんなに簡単だったんだ！　これならできそうと思っていただけたら幸いです。

２０１８年1月

伊之上　隼

法人顧客からの受注を10倍にするＦＡＸＤＭ×ＷＥＢ活用の集客術　目次

第３章　成果が出るＦＡＸＤＭの書き方

第4章　ＦＡＸＤＭの効果をさらに倍にするためには、フォローの仕組みを取り入れよ

第5章　さらに売上を伸ばすＦＡＸＤＭ＆ＷＥＢ連動方法

第 1 章

アプローチしたい
会社には最初に
訪問してはいけない

1　見ず知らずの小さな会社の取引に立ちはだかるのは信頼関係の壁

信頼関係がなければ、電話も訪問も受け付けられない

どんな会社であれ、新規取引先を獲得するため、最初に行うことが営業活動です。営業活動にはさまざまな方法がありますが、その代表的な方法がダイレクトメール（以下「ＤＭ」）、電話での営業か、電話でアポイント（以下「テレアポ」）を取っての訪問営業です。

しかし、その営業活動がスムーズにできて、期待通りの売上が確保できていればいいのですが、なかなか思うような成果に結びつかないのが現状ではないでしょうか？

小さな会社が、いくらそれらの営業ツールを使おうと、そもそも「信用がない」ことがネックになって、ＤＭは先方に届いた瞬間に捨てられ、電話ではキーマンにつないでもらえず門前払いになってしまう。仮に力業（ちからわざ）でアポが取れたとしても、なかなか成果には結びつかない。あるいは、仮に成果を得たとしても、そこに費やした時間や労力が、得られる利益と釣り合わないといったことが、多くの中小零細企業を悩ませている現状です。

そのＤＭ、本当に信頼できますか？

ではなぜ、そのようなことになるのでしょうか？

皆さんもご経験があると思いますが、見ず知らずの会社から毎日のように送られてくる郵送でのＤＭ（私的な手紙に偽装した郵送物も含む）、しっかりと目を通されてはいない方が多いのではないかと思います。

ここでご参考までに、見ず知らずの小さな会社が送ってきた、典型的な怪しいと思わせるＤＭの例をご紹介いたします。

ある日のことですが、弊社に見ず知らずの小さな会社から手紙が届きました。

筆者は受け取ったとき、その見た目の印象から怪しさをぬぐえず、手紙を開封するのもためらいました。そして、中を見てもその怪しさが晴れることなく、やはり捨てるという判断に至ったのです。

内容は、日常で頻繁に使うものが通常より10％も安くなるという提案でした。

きっと、この提案がしっかりした信頼性を考えたＤＭで届いていたら、ほぼ１００％反応していたでしょう。

損得を考えたら、反応をした方がよいのです。

では、なぜ反応しなかったのでしょうか？

そこで、なぜ、この手紙が怪しいと感じるのかを分析してみました。

そこで思い至ったのが以下の３つの問題点でした。

①手づくり感がすごすぎる

まず、この封筒、字がキレイ（丁寧）ならよいのですが、とても殴り書き感（雑な印象）があり

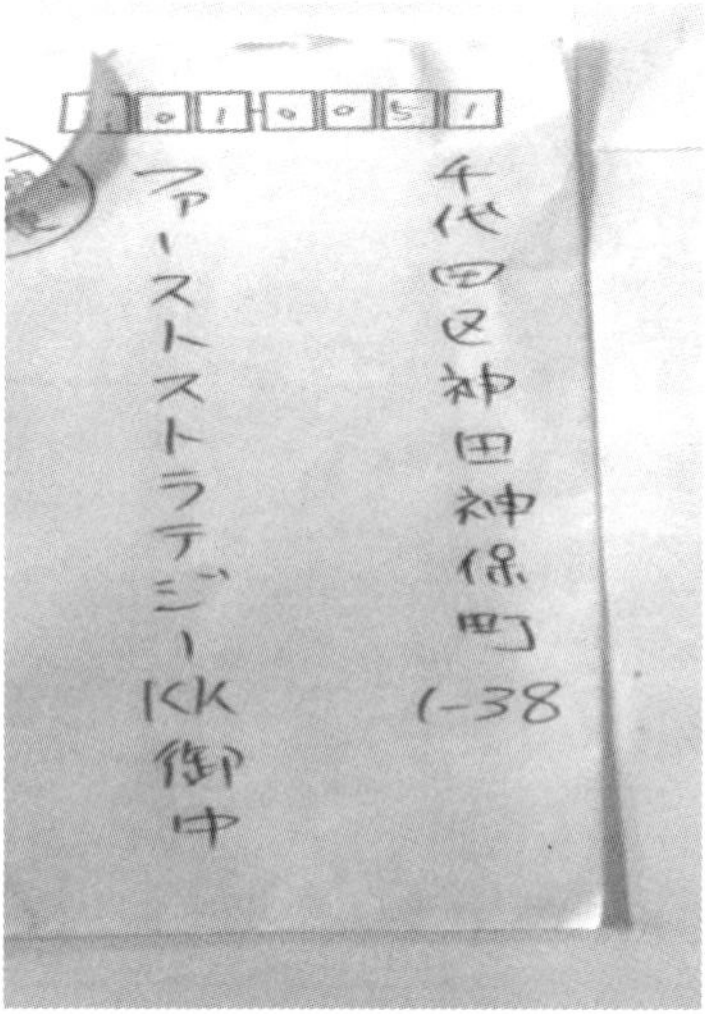

ます。

字に自信がない場合には、封筒にしっかりとタックシールで印字したものを張るか、直接宛名印刷をするのがベターです。

②なぜ安くなるかの理由がない

こうしたDMには「安くする理由」が書かれていないと不審に思われます。無料なら「無料にする理由」をしっかりと記載するべきです。

「弊社では●●という事情により、この××という商品を日本一大量に仕入れています。商品の品質は▲▲ですので、間違いございません。

また、実際の商品を見て頂いた後のお振込みとなりますので、商品が届かないということや品質面での不安もありません。」という情報提供があることに加え、

「弊社は大量仕入れにより、お安くご提供が可能です」といった表記があれば、なるほど、と納

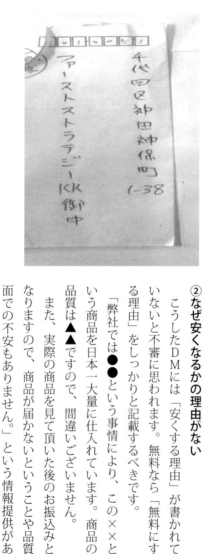

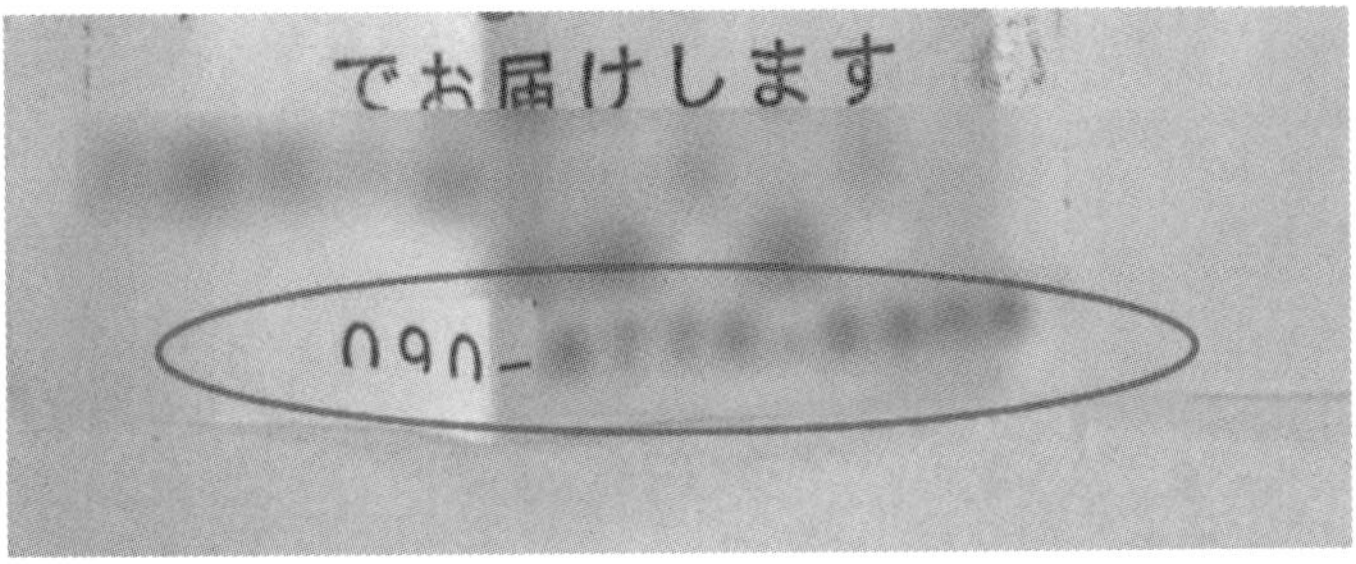

得できるものです。理由もなく安くしたり、有料であるはずのものを無料にすると、「これには何か裏がある」と思われてしまいます。

「タダほど怖いものはない」と思われないように「より多くの方に○○を知っていただきたいという想いから通常○○円の○○が、数量○○個限定にはなりますが、○○円（もしくは無料）です」といった特別感も含んだ安くする（無料にする）理由のコピーを入れるとよいのです。

③連絡先が携帯番号

０９０から始まる携帯番号で反応を取ろうとしていますが、携帯ですと、固定電話を取得できない、しっかりした会社ではないのだなと感じてしまうため、怪しさを感じてしまうのです。

無店舗経営や個人運営で移動が多く、連絡が携帯でなければいけない事情は仕方ないとは思いますが、個人でも固定電話から携帯電話にボイスワープ（※）で転送をかけるなり、しっかりと固定電話番号を表記して、そこから反応を取るべきです。携帯電話番号と固定電話番号では信頼感が違います。

※ボイスワープ：ＮＴＴ東日本・西日本が提供する電話転送サービスです。

何度も連絡しても、門戸が開くなんてことはまずない

このように、郵送でのＤＭにせよ、電話にせよ、何度トライしても先方に怪しいと思われてしまえば、相手との取引き、すなわち、門戸が開くことはありません。

ここに紹介した例は極端かもしれませんが、そうでなくても、見ず知らずの小さな会社では特に相手の門戸を開かせるのが難しいという現状があります。

ではなぜ、それほど相手の門戸を開くことが難しいのかを、次項以降で説明いたします。

門戸が開かない「3つのNOT」

これまでに付き合いのない企業をターゲットに新規開拓しようとすると、３つの壁（「３つのＮＯＴ」）が立ちはだかると言われています。

海外の著名なマーケッターであるマクスウェル・サックハイムがＤＭを書くときの鉄則を説明しているのですが、関係性がゼロの〝知らない人〟からサービスを薦められたとしても、

①その情報自体を見ない、読まない
②その情報を信じない
③よいと思っても行動しない

という３つの壁が心理的に働くということです。

まずはこの３つの壁を切り崩すことができないと、「最後まで読めばよい内容が書いてあるのだ

けれど……」「使ってもらえれば、よさがわかるのに……」という悔しさを抱えて悶々とする日々を送ることになります。

人は売り込まれないとは思っていない

さらに、何かを販売する側が、逆のされる側の心理として常に頭に置いておかなくてはならないことは、詳しい資料の請求などであったとしても、それを享受した以上は「その会社から売り込まれないとは思っていない」ということです。それだけ、人は、物やサービスに対して警戒心が強いということです。

この販売される側の心理を理解していないと、人は信頼関係がないものに対して「あやしい」と感じ、心の扉をシャットアウトしてしまうのです。

では、どのようにすれば、シャットアウトされずに販売側が成果を上げることができるのでしょうか？　次項以降でその解決方法を説明していきます。

2　弱者の戦略を取れ

門戸を開くＦＡＸＤＭやＷＥＢ

大手企業であればブランドがある上に営業販促費として多くの予算が取れ、「３つのＮＯＴ」を乗り越えるために、あらゆる手段をとって営業活動をします。しかし、小さな会社ではそういうわけにはいきません。そこで有用な方法が、土俵を替えて闘う「弱者の戦略」です。

その戦略の中核となる手段が、本書で紹介するＦＡＸＤＭやＷＥＢになります。そこで魅力的なもの、キラリと光るもの、あるいは、その人にとってどうしても欲しい情報があれば、「ちょっとこれは聞いておいたほうがいいな」「見ておいたほうがいいな」ということから門戸が開かれていきます。

3つのNOTとその乗り越え方

前述の「３つのＮＯＴ」ですが、この壁を壊すにはどうすればよいのでしょうか？「弱者の戦略」で１つずつ解決していきましょう。

①その情報自体を見ない、読まない

見ようとしないのであれば、単純に見たくなるようにすれば解決です。具体的には最初に目に付く場所に相手の興味があることを述べることです。最初に目につくというとＦＡＸＤＭの紙面上部になりますので、ここに相手の興味関心がある、気を引くキャッチコピーを載せれば、とりあえずは目を止めてくれます。

例えば、

「○○地域の飲食店３店舗が売上を１・５倍に増やしているのをご存じですか？」

「～先着5社様へあなたの近隣の飲食店（実名公開）の具体的な集客方法を調査した無料レポートを配布します　8月26日迄！～」

同地域で営業する飲食店だったら、こんなキャッチコピーを見たら、ついつい読んでしまうでしょう。このように、読まれなければ意味がありません。受け手のニーズに沿って、「この情報は自分にとって大切だ」と思わせられるよう工夫することが大切です。

②その情報を信じない

まだ、関係性ができあがっていない方からの情報をすぐに信用するのは非常に難しいものです。信頼を作るために、一番大事なことは何かというと、「論理的であること」です。

・それってどういうことだろうか？
・本当なのだろうか？
・実際はどうなのか？
・具体的には？

と読んでいる側は質問したくなります。その疑問に思うことについて、論理的に答えていくことで、信頼性は増していきます。大事なのは「根拠」です。「こう言われている」と言われても、本当？という気持ちはぬぐえません。そのときに大事なのは、「データを示すこと」です。

・お客様の声
・マスメディアへの掲載実績

・その業界の権威と言われている人の声
・具体的な数字データ
これらを根拠として示すことで、信用してもよいと思っていただけるようになります。

「自分が信じるとしたら、何を知れば、信じられる？」

とその材料を一度列挙してみると、見えてくると思います。
③よいと思っても行動しない
ＦＡＸＤＭに目を止めてもらい信用を得られても、最後に申し込みをしてもらわなければ意味がありません。
信用までされたのに行動しない理由はなんでしょうか？
1位……後でやろうと思っていたら忘れてしまった
2位……取って置いたＤＭがいつのまにかなくなっていた
3位……捨てられてしまった
つまり、皆さん、後で申し込みを行おうと思っているのです。しかし、日々の仕事の中で忘れていってしまうのです。解決するには、捨てられる前に、なくなる前に、忘れる前に申し込んでもらうことです。
では、どうすればよいかというと、サービスに特別性や希少性を持たせ、行動してくださいと明確に記すことです。あなたも、店頭で「今日だけ○○が80％オフ」というような掲示を見て、「えっ！

８割も安く買えるの？」と思い、思わず買ってしまったということがあるのではないでしょうか？

「行動しないと損をしてしまう……」

というような気持ちを駆り立てることができたら、行動してもらえる確率は高まることでしょう。

以上のように、はじめに受け手との信頼関係がないと、この３つのＮＯＴを乗り越えなくてはいけないのです。

門戸が少しでも開かれたら

こうして受け手との間に立ち塞がっていた門戸が少しずつ開かれていきます。しかし、門戸が開かれたといっても、この時点では門に隙間ができた、すなわち関心を持たれるレベルのことで、多くはその商品・サービスの購入までには至りません。

そこで筆者が基本的におすすめしているのが「無料戦略」です。

例えば、会社に利益が残り、法人税を多く払わなければならない。そのことが気になる経営者の方は多くいらっしゃると思います。そして、そのような会社をターゲットにして、法人税の節税対策を得意にしている税理士の方も多くいらっしゃいます。しかし、「節税対策について、うちは強いですから、是非顧問契約をしましょう」と言ったとしても、多くの税理士さんが存在する中で、その税理士さんを選ぶ理由は何か？　その人の人となりはもとより、その人は本当に信用できるのだろうかという点で、会社側としてはいきなり契約するということに躊躇しがちです。

そのため、法人新設10年目までの会社さんはこの戦略をとりなさいと、「節税対策10のポイント」のような小冊子を無料で配布していたとすれば、その情報を欲している人は思わず見てしまうでしょう。しかも欲しい人の手元に届けるために、それを無料で発送するということであれば、その税理士さんへの好感度アップにもつながってきます。それで第一の関係性ができるのです。

さらにそれを読んでいただき、「あ、この内容、すばらしいな」と感じてもらう、かつ、「この税理士さんは私が問題として抱えている悩みを解決してくれる」と思っていただけたら、そこで信頼関係が生まれるでしょうし、この税理士さんなら付加価値が高い提案をしてくれそうだと感じてくれるわけです。このような情報提供は非常に面倒だと思われる方が多く、そんな手間はかけられないという方が多いのですが、そういう方が多いということは逆にチャンスだというのが筆者の考えです。

手間と言っても、ページにして10ページから多くて30ページ程度の無料レポートをつくるだけなのですから。

しかも、この無料レポートは永続的に大量に見込み客を連れてきてくれるのです。

1日2ページ書けば、最大2週間で終わる作業で数年間の間、苦労せずに法人集客をし続けられたら良いと思いませんか?

そのようなところから、まず見込客との関係をつくるというのが大切であり、それを実行するのは「面倒だ」「大変だ」と思うのではなく、その部分を仕組み化することが「弱者の戦略」なのです。

〔図表１．１　集客の階段〕

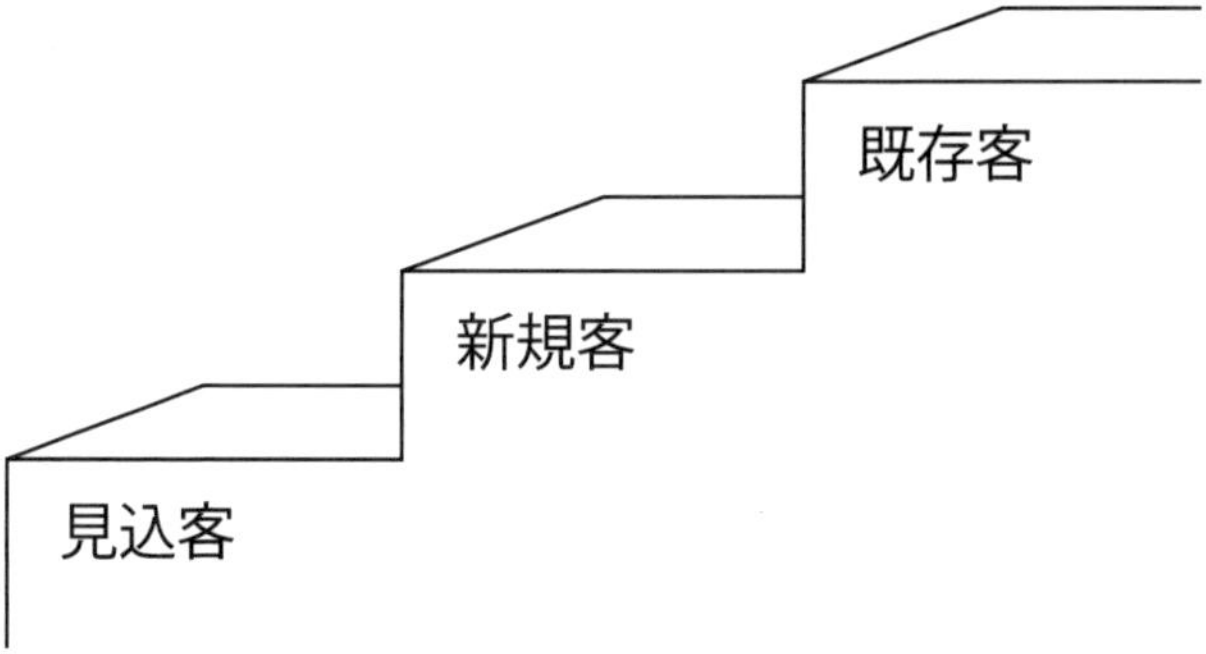

〔図表１．２　見込み客獲得ツール〕

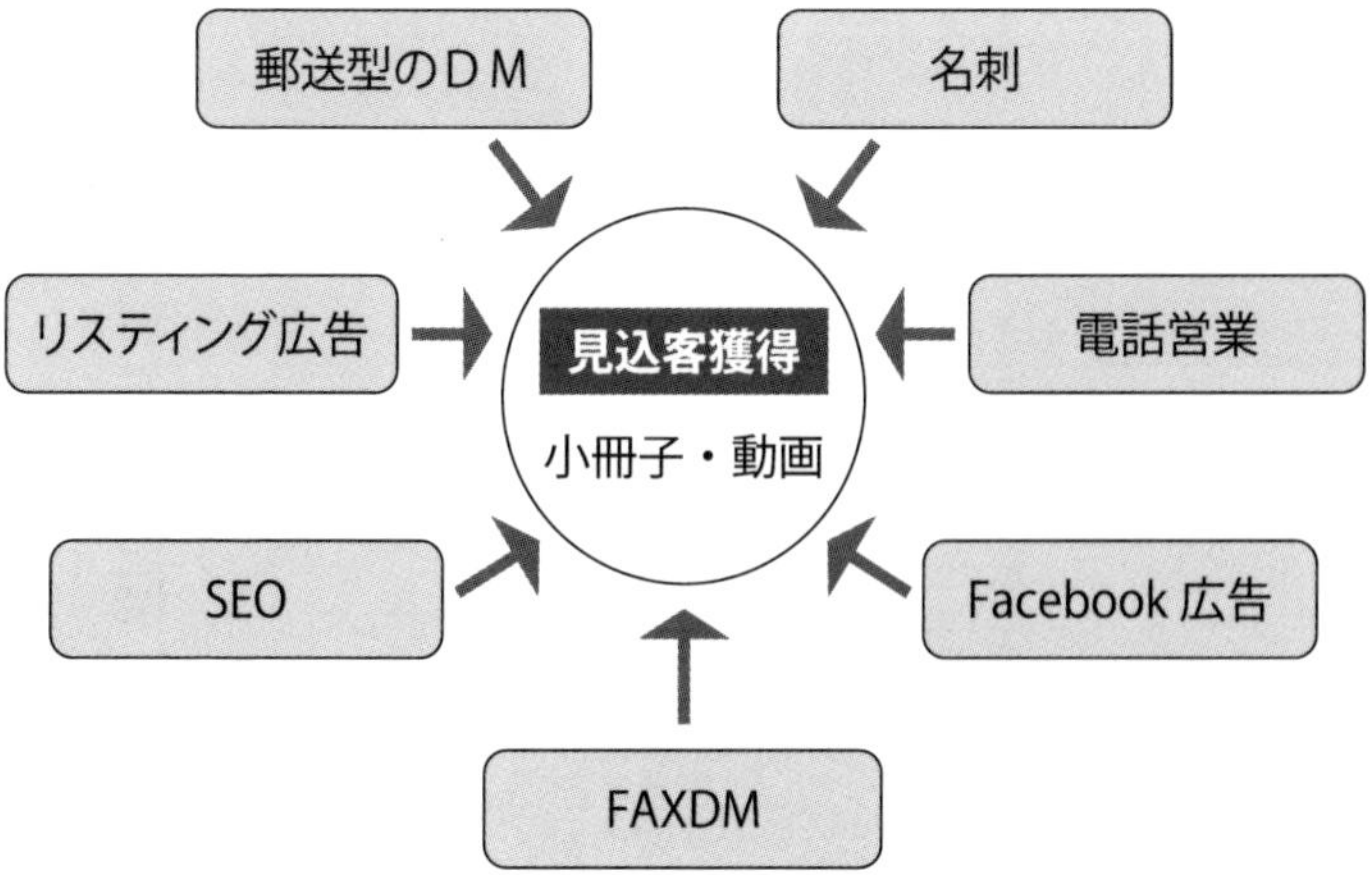

3　営業の自動化が効率を上げる～ＦＡＸＤＭ、ＷＥＢの使い方～

集客の階段を意識しよう

お客様には大きく3つの段階があると考えています。

それは、最初に見込客という階段があり、次に新規客という階段があって、最後に既存客（固定客）という階段があります。

このように、図表1・1の通りに販売できるのが1番よい形です。

その設計図を描くための第一段階である見込み客獲得戦略がここに示された図です。

この図表1・2をご覧いただいておわかりのように、見込客を獲得するのに、例えば、小冊子などのツールを準備し、これをもとに、ＳＥＯやリスティング広告をして、ユーザーが検索したら小冊子無料プレゼントがＷＥＢ上に出てくる。あるいは、Facebook 広告が出てくるという仕掛けをつくっていく。

また、ＷＥＢ以外では、メール広告やＦＡＸＤＭで無料冊子のプレゼントを案内する。その他には、ＦＡＸＤＭの後に電話して、小冊子を無料でプレゼントしていることを伝えて先方から了解をとるということも有効な方法です。もっと身近な方法では、異業種交流会などの大人数が集まる会場に出向いて、無料プレゼントを記載した自分の名刺を配るという方法もあります。

もちろん、無料で配るものは小冊子でなくても構いません。最近では無料動画をプレゼントするということで見込客リストを取ることもできるでしょう。いずれにせよ、まずそのようなツールを面倒だと思わず、準備することが大切です。

継続的に見込客を連れてきてくれる小冊子

前述したように、見込客を開拓するためには、あなたが持つ情報を小冊子等で提供してあげればよいのです。問題や悩みを解決したいと思っている見込客は、解決できるその方法を欲しいと思うでしょう。しかも、「無料」で、リスクなく手に入るならば、「とりあえずもらおう」という気持ちで気軽な気持ちで手に入れてくれるようになります。

小冊子を配布する以外の方法として、ノウハウを提供するということで、「無料セミナー」を開催する方も多いと思います。たしかに、「セミナー→販売」と、目的がスムーズに繋げられるため、非常によい集客手法なのですが、実は思った以上の効果を出せないことがあります。

なぜならば、

・参加しようとしても日にちが合わない
・セミナー会場に出向く価値を考えてしまう
・セミナーに参加したら、売られるのでは？　と勘繰ってしまうということで、情報を手に入れる「リスク」に意識が向くため、反応することにためらってしまうからです。

また、セミナーを開くより、もっと直球に「個別相談」を開きたいという方も多いのですが、個別相談の後に売り込みがあると想像できるため、「個別で会うと断りにくい……」と先を想像できてしまうため、反応するのにはほとんどの人がためらってしまうでしょう。

このように、
・セミナーに行く
・個別相談を受ける
は、まだ信頼関係ができていない「人」に会うというリスクをどう乗り越えるかが反応率を上げるポイントになります。

しかし、それよりはるかに簡単に情報提供を行い、見込客を大量に獲得する方法が「無料小冊子」を提供する方法なのです。

ご参考までに、無料小冊子を提供するＦＡＸ戦略の結果をご覧ください。

【弊社クライアント実績】
●治療院集客ノウハウ小冊子　約３００件の申込
●コストダウンノウハウ小冊子　約７２０件の申込
●福祉・介護系助成金獲得ノウハウ小冊子　約80件の申込

……ｅｔｃ

まだ、まったく無名な会社が小冊子戦略をとったことで、ものすごい数の見込客を「一瞬にして」獲得しました。

当然、即日に電話でフォローをしていただいたことで、そのうちの20％は、すぐに受注して売上に。

さらに、残りの80％は有望な見込客リストとして、メール等で継続フォローが可能になります。

1～2年かかるかもしれませんが、かなりの数がクライアントとなることでしょう。

ようするに、小冊子によって、無名な会社が業界地図を塗り替えてしまったのです。

なお、無料小冊子があることで、生命保険の分野で世界で第三位になったという営業マンの方は、お客様を紹介してくださいと伝えるのではなく、

「この小冊子がお役立ちできそうな方が、いらっしゃいましたらお渡ししていただけませんか？」

と伝えることで、たった1人のお客様から無限にお客様をつくれたそうです。

さらに、見込客を集める方法として、このようなオフラインでだけでなく、オンライン上でＷＥＢ上に小冊子請求フォームをつくることで、24時間３６５日見込客を集め続ける自動販売機をつくり上げることができるのです。つまり、小冊子をたった1回つくるだけで、大量に、しかも、自動的に見込客を獲得できるようになるのです。

見込客を集めた後は

見込客を集めたら、その後の方法としてはすぐに電話でコンタクトすることをおすすめします。電話をして、アポが取れて訪問できれば訪問しましょう。ただし、すぐ電話して「訪問はまだ結構です」と言われた場合の対策としては、「ステップメール」が有効です。

たとえば、弊社であれば、

「90日で売上1000万円をあげるＦＡＸＤＭ活用法」という15日に渡る無料メール講座を準備しています。

このメール活用法を読んでいただくことにより、ＦＡＸＤＭで失敗せず、売上向上のための指導ができると同時に、弊社が他のＦＡＸＤＭ会社と異なり、大幅に反応率が上がるノウハウがあるということが自然と伝わっているようです。

メール講座を見て頂いていない場合、1度ＦＡＸＤＭ配信をしてみて、間違った考えの上で原稿をつくり、結果がでなければ、すぐにやめてしまう傾向にあるのですが、このステップメールを見ていただくことで、反応を出すことができ、リピート率の増加にも一役買ってくれています。

なお、通常のメール配信は毎回設定しなくてはいけませんが、ステップメールはメール講座に申込をいただいたら自動的に配信が始まるため、まさに自動的に見込客を成約に導き、リピートに導くツールになっていると言えるでしょう。

また、ステップメールで成約に至らなかった場合には、更にメールマガジンで、例えば週に1回というように定期的に送るようにしておけば、そのことでお互いの関係は維持され、場合によってはプレゼンのための訪問ができることもあります。

このように、訪問や説明会などで見込客を新規客に変えていくことで、新規客になってもらうことに成功したら、その後は、如何にして今度は２回目の顧客にするかというのがポイントになってきます。ここに関しても仕組みをつくっていくことが大切です。

新規客から既存客への仕組みづくり

新規客の段階では１回の購入のみでは顧客として固定しません。しかし、何回か購入しているうちに、もうこの会社の商品やサービスを使っていこうと思うようになるようです。そのように、新規客から既存客に切り替えていく仕組みづくりが大切です。

その方法として、メールマガジンを送る、定期的にキャンペーンのお知らせをする、次の時点での割引特典があることをお知らせすることなどがあります。

いきなり既存客への仕組みづくり

前述した方法は、新規客を既存客へ誘導する基本的な方法と言えます。それらは必ず押さえておきたい大切な方法ですが、いきなり既存客にしてしまう方法もあります。

それは、売りたい商品自体を無料にする方法です。

近年、求人広告業界では、ＷＥＢでの広告掲載無料、求人が決まっても手数料無料というサービスを展開している広告会社もあります。このことで、新規客に何度もリピートしてもらうことで、自社の既存客へと誘導してビジネスを展開しているのです。

他には、助成金コンサルタントの例があります。

国や自治体から助成金が得られれば、事業者にとってはありがたい臨時収入となります。しかし、その申請手続きには手間がかかるため、専門のコンサルタントに資料作成から申請手続きまでを依頼するケースが多くあります。

助成金は１００％得られる保証がないことや、初めてコンサルタントに依頼しようとするとき、その人の力量がわからないため、その一連の仕事にかかる初期費用が数万円あるいは数十万円かかると言われた際に、事業者（クライアント）としては依頼するかどうかを躊躇しがちです。

そこで最近では、「全額成果報酬」ということで依頼を受けるコンサルタントも多くなってきました。その仕組みとしては、クライアントが助成金を受けることができたら、例えば、その金額の20％が報酬というようなビジネスを展開しているのです。前述のように、ここでもビジネスのキモは、そのクライアントから信用を得ることでその後、長く仕事上での取引ができるようにすることです。

このことで、場合によっては一生の付き合いになることもあり、トータルすれば、コンサルタントに数百万、数千万の利益をもたらしてくれる可能性があるのです。

第2章

成果が出るFAXDMとは

1　FAXDMで反応が取れるのか

FAXDMは本当に反応が取れるのか

皆さんには当然のこととして『ＦＡＸＤＭって今、反応取れるの？』という疑問が湧いてくると思います。

届いているＦＡＸＤＭを目にはしてきたが、申し込んだことがないという人が多いのも事実です。実はＦＡＸＤＭの反応率は、通常高くても１％程度、平均では０・１％です。つまり、１００人の送付先があればよくて１人が反応し、平均では１０００人に１人しか反応がないということになります。

しかし、この数字は平均値であり、努力次第で数字は大幅に変化します。

ＦＡＸＤＭに全く反応しない会社もありますが、有名企業からのＦＡＸＤＭでは反応率が50％以上も出た（43ページ参照）ということもあるように、ＦＡＸは捨てる前に必ず、目を通されます。反応が出るのも出ないのも工夫次第。反応率を上げる工夫をし続けることが大事です。

これからご紹介する工夫をしっかりしていけば、ＦＡＸＤＭは今も反応が取れる有効な新規開拓ツールになります。

ＦＡＸＤＭが反応の取れるツールである根拠とは

ＦＡＸＤＭが反応が取れるツールである根拠としては、主に３つあります。

１つ目は「企業においてＦＡＸ機は今だ健在」であること。

ＦＡＸ機は、発注関係や申込みが必要なものをすぐに送るのに便利なため、今でもほとんどの会社に存在します。社長の平均年齢は59・２歳と言われておりますが、まだその頃の便利さを忘れられず、ＦＡＸ機の利用を辞める人は少ないです。また、特に飲食店や治療院などの店舗では、発注関係はＦＡＸでいまだに行っていますよね。

そして、ＦＡＸは内容を確認しないと捨てられないので、着眼率は１００％です。

２つ目は「圧倒的な費用対効果」です。

マーケティング業界では「センミツ」という言葉があります。これは、１０００件に3件（０・３％）の反応が取れたら成功ということです。訪問営業や郵送ＤＭ、テレアポなど様々な手段を用いて目指す数字です。

一方、ＦＡＸＤＭの反応は前述のように１０００件に1件（０・１％）取れればいいと言われております。

数字だけを見ると、ＦＡＸＤＭは残念な結果ですが、ＦＡＸは価格が比べ物にならないほど安いのがその特徴といえます。

具体的には、ＦＡＸは1枚単価5円（税抜き）で、郵送ＤＭ（印刷費・発送費）は1通の単価90

円程度（税抜き）です。

反応率は3倍ある郵送ＤＭですが、価格は18倍となっており、ＦＡＸの方が費用対効果が理論上6倍よいことになります。

３つ目は結局は「提案力」次第。

ＦＡＸＤＭであろうと、郵送ＤＭであろうと、テレアポであろうと、『今、この提案を受けない理由なんてない！』と思わせられるかが勝負となります。今すぐに反応しなくてもよくてどちらでもよい提案は、誰も反応してくれません。しかし、その提案が磨かれていれば、当然の如く反応が出るのです。

そもそも飛び込み営業になっているＦＡＸＤＭ

多くのＦＡＸＤＭ配信者が行っていることとして、「こんなによい商品なんです！」、「使えば絶対によさがわかる！」というメッセージを入れた文章を作成します。しかし、その文面には様々なマーケティング手法を駆使しても、結果的に送信先にメッセージが届かず、思わずがっくりすることも多いのが現状です。

それらの原稿を見ると、自信がみなぎっており、これでもか！　というぐらい、サービスも充実していて、本当によい内容なのですが、反応が出ないのはなぜでしょうか？

実はそれは、「受け手の不安が解消できていないから」なのです。

この「受け手の不安の解消」についてですが、プッシュ型メディアである、ＤＭやＦＡＸＤＭで反応を出す際に一番重要な部分と言っても過言ではありません。飛び込みの営業マンが来たときの印象と同じです。よいとは思ってもドキドキしてしまい、できたら一度帰ってもらって、ゆっくり検討したいと思います。

しかし、そんな飛び込み訪問の営業マンだったとしても、無料のサンプルを渡してもらったり、魅力的な小冊子をもらったり、１か月無料で使えるというように試用期間が付いていたりしたらどうでしょうか？　押し売りするのではなく、そういう情報であれば、ありがたく受け取ることができます。なぜ、受け取れるのかというと、その提案にはリスクがないからです。

このように、「無料サンプル」、「小冊子」「無料お試し」「無料（お試し価格での）セミナー」「無料査定」「お試し価格」などができればよいです。当然、絶対ではありませんが。

ただ、それでも、受け手は不安が残ります。

「これ、申し込んだら、その後に営業電話や訪問なんかが来て、強引な売り込みが来るのでは？」という不安です。このように、１つひとつ受け手はＦＡＸを受け取ったらどういう心境になるのだろうと感じてみることが大事です。

こういう場合には、

「無料サンプルをお申込みいただいても、こちらから無理な営業を行うことはございませんので、安心してお申込みください」

という文言を入れると、安心感が上がります。

それ以外にも受け手の不安を肩代わりできることはたくさんあります。お客様の声を例として多数記載することもそのうちの1つです。自分と同じ境遇の方が使ってよかったという声を聞くと安心できるものです。他にも、成功率○○%という数字を見ると安心できることもあります。依頼しても、成功しないなら、時間の無駄と思ってしまう方も多いのです。

このように、常に、送り手側の視点だけでなく、受け手側のことを1つひとつ感じてみると、反応率は驚異的にアップします。

・FAXDMが届く。
・誰が最初にFAXを見るでしょうか？
・その人はどういう気持ちでFAXを見るでしょうか？
・担当者には渡してもらえるでしょうか？
・渡したときに、すんなりその受け手はFAXを読んでくれるでしょうか？
・すぐにFAXを見て、反応したいと思うでしょうか？
・思わない場合は、どこで心がひっかかるでしょうか？

と1つひとつのシーンを追っていくのです。

原稿を作成し、完成したら、受け手の状況を1つひとつ追いつつ、「間違いなく反応したくなる内容だ」と思ったら、ほぼ間違いなく反応が出ます。逆に「どうだろうなぁ。反応する人もいるとは思うけど……」ぐらいですと、わずかな反応しか来ないことが多いでしょう。

2　反応率が上がるFAXDMとは

反応率が上がる基本的な方法①／宛名印字で相手の担当者の【名前】を入れる

ＦＡＸＤＭで反応率が上がる方法には、

①キャッチコピーを変える

②「オファー」（「特典、プレゼント」のこと。詳細は43ページ）を買ってでも欲しいものにする

③リストをニーズが合うところに絞り込む

ということも当然ありますが、それ以上に基本的な結果を出す方法があります。

それは、配信時に「宛名印字で相手の担当者の「名前」を入れる」ということです。

例えば、原稿上部に

例）「株式会社ＡＢＣ商事　山田太郎 様」

といった、特定の人物の名前が入るイメージです。

これが、通常のレンタルリストですと会社名までしかわかりませんので、

例）「株式会社ＡＢＣ商事　御中」

例）「株式会社ＡＢＣ商事　ご担当者様」

例）「株式会社ＡＢＣ商事　代表者様」

というような印字（表記）になってしまいます。

このように担当者の名前が入ったＦＡＸＤＭになぜ効果があるかというと、ＦＡＸＤＭを配信して、担当者に届くまでのことをイメージしていただけたらと思いますが、まず「受付」の方がＦＡＸを受け取り、原稿を見て、担当の方に渡すかどうか判断します。

ここが重要なところなのです。

受付の方が担当者に渡すかどうかを判断するのですが、「ご担当者様」と書いてあったり、「社長様」と書いてあったりすると、「担当者って誰？」（誰に渡したらいいかわからないから捨ててもいいよね）「社長の名前が入っていないけど、渡すべき？」（社長には必要なものしか渡すなと言われている）というように、受付の人の意識は「ＦＡＸは捨てよう」という方に向くのです。これは、ＦＡＸＤＭも郵送ＤＭでも一緒です。担当者に渡る前に受付で、かなり多くのＦＡＸが捨てられているのです。

では、「受付」の方ですが、宛先に「担当者の名前」が入っているＦＡＸを捨てることができるでしょうか？　きっと捨てるのには相当な勇気がいるはずです。その受付の人の気持ちを汲んで、対策を立ててみるのは非常に重要です。

ある会社の事例（図表２・１）では、「代表者名」がついたリストで配信した結果、今まで配信したものと同一内容の原稿で配信したにも関わらず、セミナーへの集客で「通常、８名程度しか集客

〔図表2．1　社長名の印字なし（一般的なFAXDM）〕

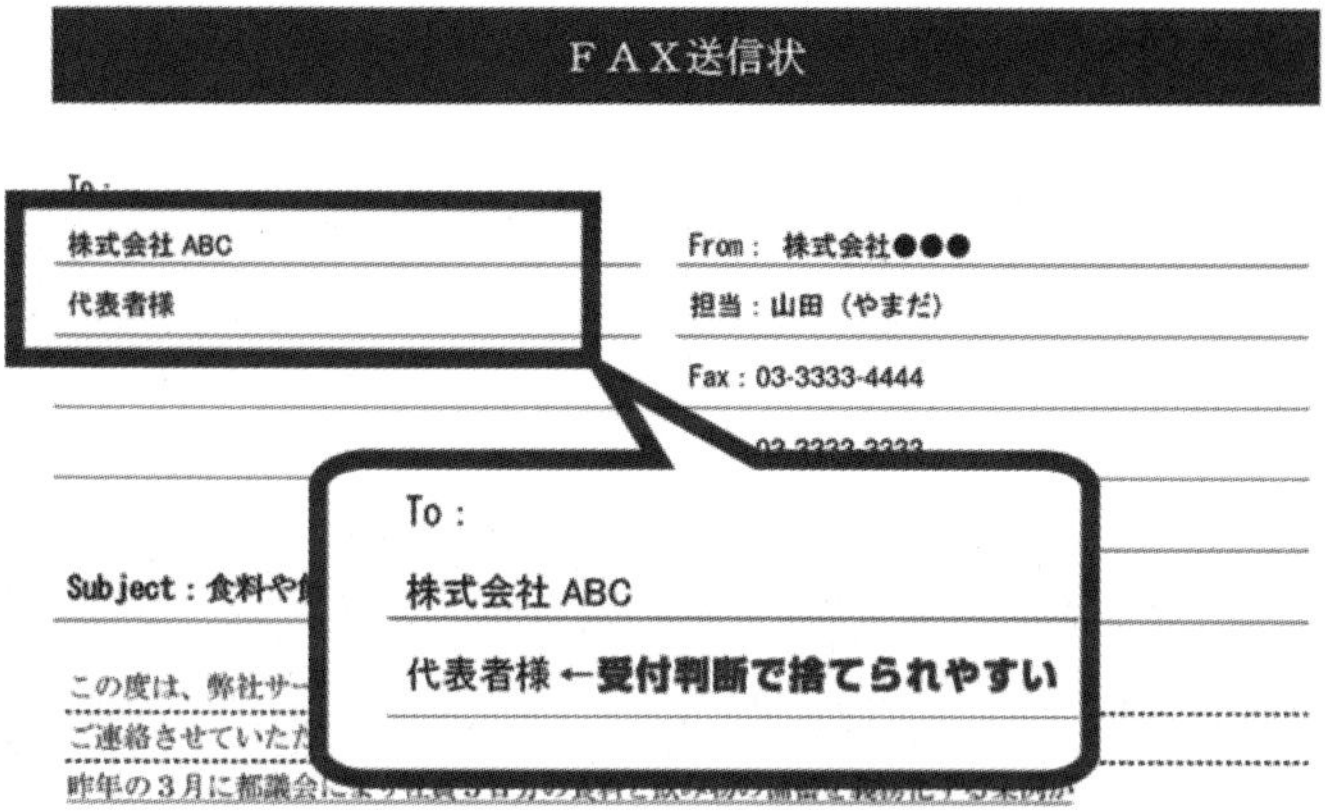

〔図表2．2　社長名の印字あり（当社のFAXDM）〕

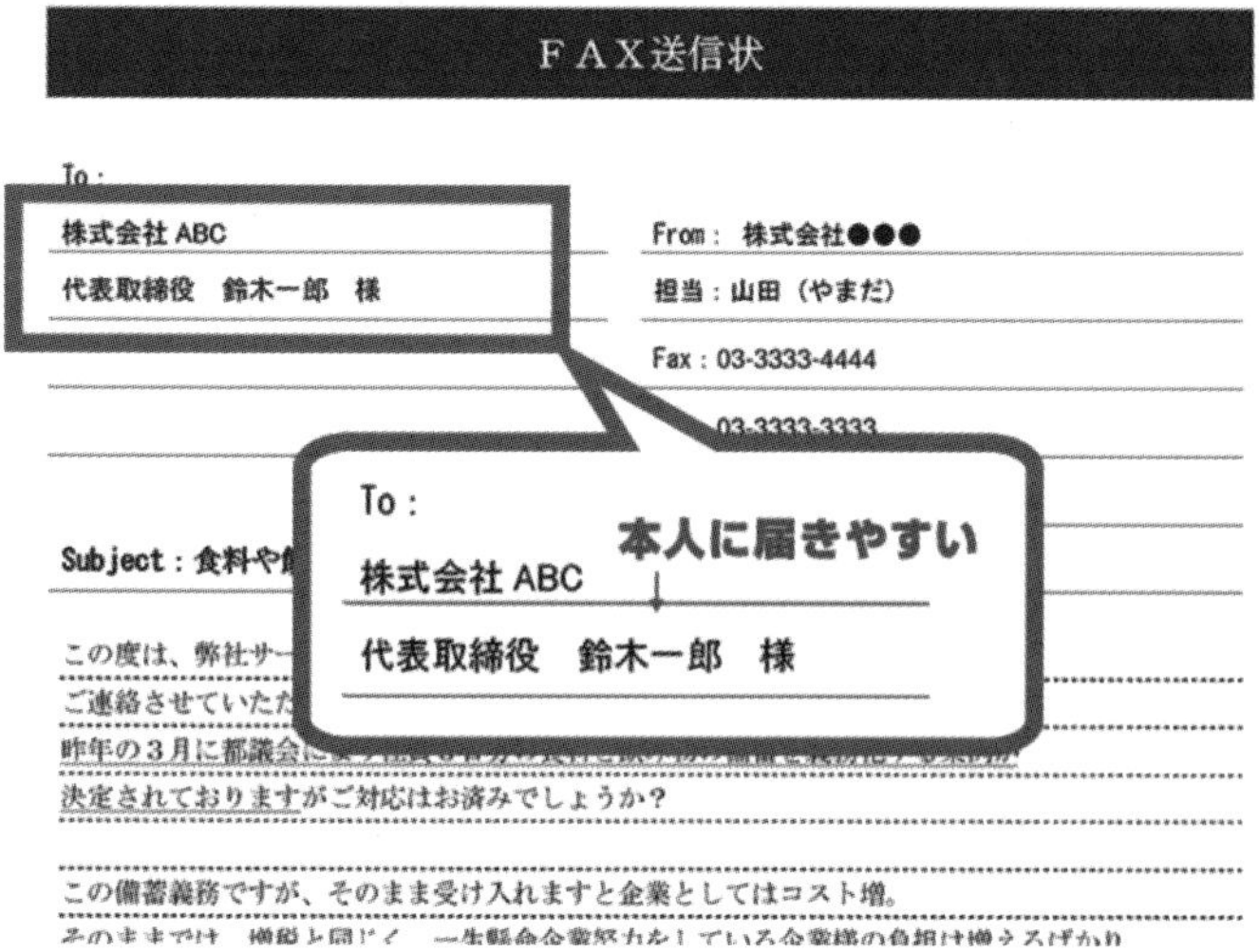

〔図表2．3　反応率が上がる絶妙な方法〕

採用を一緒に手伝わせていただけませんか？　★中小企業に特化した採用支援企業★

【無料相談受付中】営業職採用のご案内

株式会社ファーストストラテジー　採用担当者　様

お読み頂きありがとう御座います。
弊社は20代～30代の**営業職採用に特化した**人材紹介事業を運営しております。

[redacted]

できていなかったのが、今回は15名集客できて大満足です！」という驚きの声をいただきました。

また、その他にも代表者名を入れるだけで平均【3・7倍】もの大きな向上がありました。

反応率が上がる基本的な方法②／反応率を上げる絶妙な方法

他にも、「反応率を上げる絶妙な方法」があります。それは、差し込み文字を文面に、パーソナライズ情報として入れ込んだ原稿です。実際の原稿はこちらです。（図表2・3）

見ていただいてどうでしょうか？　単なる広告とは見えず、1対1でメッセージしているように見えませんか？　FAXDMで一番反応を落とす部分は、単なる不要な広告と思われ、すぐに捨てられてしまい、決裁者に届かないことです。

このようにパーソナライズした差し込みをする

ことで、すぐに捨てられてしまうことを防ぐことができます。ただ、この方法は1つだけポイントがあります。差し込みスペースが少なく、会社名が長いと自然に縮小されてしまいますので、十分なスペースを空けるようにしてください。

オファーの内容①／ＦＡＸＤＭ反応率53％⁉

「オファー」が大切とマーケティング業界ではよく言われます。これを日本語にすると「提案」という意味合いですが、ＦＡＸＤＭの世界では「特典、プレゼント」という意味合いで用います。

さて、営業の場面で「提案」が的外れだったり、相手のニーズがなかったりしたら全く成約に繋がらない、といったことが起きると思います。

実は、ＦＡＸＤＭの本質も同じで、オファー（特典、プレゼント）がよければ、コピーライティングやタイミングがあまり適切でなくても、全然ダメでも、そこそこ反応が取れてしまいます。

結局はオファーの内容が重要

成功事例で「反応率が53％のＦＡＸＤＭ」があります。（図表２・４）
一般的なＦＡＸＤＭの反応率は０・１％と言われていますが、仮に１０００件配信したら530件の反応ＦＡＸが来たということです。
そのＦＡＸＤＭの内容は、「このＦＡＸに返信したら……１・５ℓペットボトル８本のドリンクを

〔図表2．4　反応率53%のFAXDMの原稿〕

[redacted]様

[redacted]

[redacted]発売記念！[redacted]企画のご案内

拝啓　新緑の候、皆様におかれましてはいよいよご清栄のこととお喜び申し上げます。

既に封書にて「[redacted]企画」のご案内をさせて頂いており、
申込みの返信も順次頂いている状況です。

そんな中ではありますが、「[redacted]」をご案内させて頂きます。

下記の通りですので、差し入れをご希望の場合、この申込み書にてFAX返信の申込みをお願い致します。


今回の[redacted]企画は当初予定しておりませんでしたが、急遽実施させて頂くものです。

何卒よろしくお願い致します。

敬具

[redacted]ース8本入単位でのお届け）

◆日曜・祝日の納品は出来ません

【申込み方法】
◆期限内にこの「[redacted]企画　手配要望書」を返信FAXください
◆申込期限：5月末日

【ご注意】
◆封書（往復はがき付）でご案内させて頂いた「[redacted]）」とは別です。
◆封書でご案内の差し入れ企画と、この「[redacted]企画」は両方申し込み頂けます

～[redacted]販（FAX：[redacted]）～

[redacted]発売記念！[redacted]企画　手配要望書

学校名			
[redacted]		[redacted]名前	
納品希望日	月　日（　）　5月末までの返信有効：返信日から１週間後以降		
[redacted]	〒　－　TEL　（　）		

[redacted]株式会社[redacted]支店　担当[redacted]　E-mail:[redacted].jp

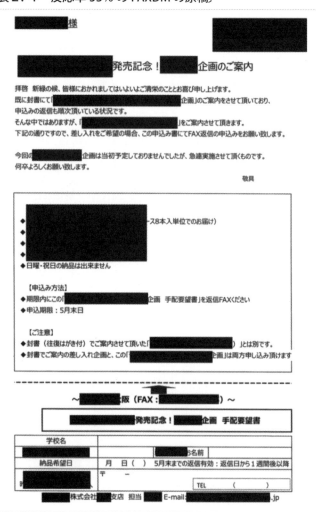

無料でお届けします！」という某大手飲料メーカーが実施したＦＡＸＤＭでした。

これは、リピート率で、無料で配っても認知度アップと継続的な利用が出ると見込んでのオファーだと思います。

しかも、広く名が知られている飲料メーカーからこんな「オファー（特典、プレゼント）」が届いたら、あなたならどうしますか？　やはり関心をもってこのＦＡＸに返信してしまうでしょう。反応率53％の実際のＦＡＸＤＭ原稿はこれです。

コピーライティングとしては一般的な原稿。むしろシンプルすぎるほどです。

この事例から、結局はオファーが反応率を大きく左右するという現実がわかります。

オファーの内容②／ＦＡＸＤＭは確実に相手に見られている

よく反応が取れなかった方から「ＦＡＸＤＭだめだよね」ということを言われたりしますが、それは工夫次第だということがおわかりになると思います。

コピーライティングがばっちりでしたら、いいのですが、コピーライティングに自信がなくても「ＦＡＸＤＭのオファーを強化する」という考え方をもち、その強化されたオファーを原稿に反映すれば反応率は確実にアップするのです。

例えば、オファーを強化するという考えがあれば、今までサービスや商品を直接案内していたことを、これからはそのサービスや商品がどんな問題を解決するかを考えてまとめて、ＰＤＦ等で作成された無料小冊子や無料ＤＶＤ（動画）をオファーにするといったアイデアが思いつくようになると思います。

このように、無料小冊子、無料ＤＶＤの請求でも反応さえ取れたら、アポイントが取れる、商品が売れる、という自信がある方は、「オファーを強化する」という方法が効果的です。

オファーの内容③／あなたのオファーは魅力的ですか

ある日、弊社の商品である「ＦＡＸＤＭサービス」を売り込むためにつくったＦＡＸＤＭを見込客に送信した際のこと、最初、10％オフという案内を送ったところ、反応率は0・1％ほどしか取れませんでした。それにＦＡＸＤＭでＦＡＸＤＭを売り込んだため、ハードクレームがたくさん来てしまいました。

しかし、「オファーを強化する」という考えを持ち、企画を「○○業界向け、ＦＡＸマーケティングのプロがつくった新規顧客を増やすための無料ノウハウ集（成功原稿付）をこのＦＡＸに返信したら差し上げます。期間数量限定です」という内容に変えたところ、反応率が25倍になったのです。業界を絞り、オファーをその業界向けに魅力的なものにしたことによる結果でした。

そのように、反応率が芳しくなかったら、改めてオファーを見直してみることが大切です。受け取り手が「その情報ほしい！」と思ってもらえ、「この情報、通常なら有料の情報ですが、あなたには特別に無料で差し上げますね」とすれば、いままで、お願い営業していた立場が、「○○の業界のことならあの会社が詳しい」となり、仕事につながるのです。

ベネフィットを語る

人は商品（サービス）が欲しいわけではない。ということをご存知でしょうか。

そこからもたらされる「ベネフィット」が欲しいのです。

例えば、私は、今、風邪をひいており、喉に痛みがあります。そんなとき、思いつくのは、風邪薬です。それは、風邪薬を飲めば、喉の痛みが良くなるという経験則があるためです。

風邪薬を飲みたい（商品を欲しい）のではなく、喉の痛みを良くしたい（ベネフィットが欲しい）のです。あの風邪薬良いんだよねと言われるより、一瞬にしてのどの痛みが治るよ！と言われた方が、人は振り向くものです。

つまり、反応率を上げ続け、セールスレターから売上を継続的に上げるためには、ベネフィットを語る必要があります。

例えば、ＦＡＸＤＭを出すことのベネフィットは、それを出すことで、営業活動をできるかぎり、楽にして見込客からの反応を得ることができるからです。「この見込み客を獲得して、売上や利益を得たい」ということがベネフィットになります。

弊社の例ですが、業界で最初に原稿アドバイスサービスを始めました。それで、反応率が何倍にも上がると評判になり、ＦＡＸＤＭならこの会社がよいよと口コミが広まったことで反応を上げるならこの会社！　というポジショニングができました。原稿アドバイスはサービスの内容であり、「反応率を上げて売上や利益を得ることができる」ことが、ベネフィットになります。

つまり、原稿アドバイスが欲しいわけではなく、売上や利益が欲しいわけです。

「ベネフィット」を意識しないと、無味乾燥なレターが出来上がります。

例えば、

ＦＡＸ一斉送信をもっとお安く1時間で3万件送信のＦＡＸ一斉送信はいかがですか？

・原稿アドバイスが無料

・リストレンタルもできる

・差し込み印字も無料

よく目にするコピーです。残念ながら、このようなコピーから何もよさが伝わりません。特徴がなさすぎるため、ＦＡＸＤＭに興味ない方は見向きもしません。しかも、ＦＡＸＤＭをすでに経験している方との間では、値引き競争に陥るだけです。

これをベネフィット型に変えてみます。

たとえあなたにリストがまったくなくとも、そして、まったく業界で無名だったとしても、24時間以内にあなたの商品が欲しい見込客を10件以上獲得する方法がありますが、知りたい方は他にいませんか？

得たい結果だけにフォーカスしたキャッチコピーです。何それ？　知りたい！　となりませんか？

では、練習問題です。実際にペンをとって書いてみてください。

・自分の使っているパソコンをベネフィットで語ると？

・今日入ったランチのお店をベネフィットで語ると？

・今、持っているノートをベネフィットで語ると？

実際に書くと気づきが多いはずです。

「あなたは●●●ができる」。と、主語を「あなた」に変えてみて、響く内容だったら、正解です。

このパソコンのキーボードちょっと大きいでしょ↑特徴

他のパソコンのキーボードより打ちやすくない？↑メリット

このパソコンをあなたが使えば、肩こりもなくなるし、1日仕事していても疲れないよ　↑ベネフィット

となるわけです。

キーボード、ちょっと大きいと言われても響く人は少ないですが、1日仕事しても疲れないし、肩こりもなくなると言われたら響いてしまう人もいるのではないでしょうか。セールスレターを書くことで反応率を上げる1番の要素は何か？　と言ったら、ベネフィットで語れ！　となります。

ぜひ、今、自分で書かれているセールスレターを確認し、ベネフィットが足りないと思ったら、ぜひ、書き直してみてください。

顧客が「選ぶ理由」を明確に打ち出す①／「USP」という言葉をご存知でしょうか

USPとは正確には「Unique Selling Proposition」ということで、『独自の売りとなる提案（独自の切り口）』という意味になります。

弊社がアドバイスを行い、FAXDMの原稿内容を工夫することで、「反応率が2倍に上がりました！」「売上がなんと1000万円以上あがりました！」「見込客が1000法人以上獲得できました」などという成果が出る一方で、筆者が原稿アドバイスを取り掛かってすぐに「いくら原稿アドバイスをしてもこれ、成果は上がりづらいなぁ……」と思える原稿があります。その主な理由として挙げられるのが「USP」が明確になっていない原稿です。

顧客が「選ぶ理由」を明確に打ち出す②／商品やサービスの「USP」が明確になっていない

具体的な有名な例としてあるのが、宅配ピザで有名なD社のUSPです。

「焼きたての熱いピザを30分以内にお届けします。

それ以上待ったら無料」というメッセージを聞いたことがある方も多いのではないでしょうか？

D社がこのUSPを打ち立てる前、宅配注文する側の悩みは「いつ食べ物が届くかわからないので不安」ということでした。そこでD社は、「30分以内にあなたの元にピザをお届けします！」と明確に宣言をしたことにより、受け手にD社を「選ぶ明確な理由」を提供したのです。このように、

『選ぶ理由が明確になっているかどうか』は非常に重要な視点です。

さて、ここであなたにお聞きします。

・あなたの商品（サービス）のUSPは明確になっていますか？

・わかりやすくするために次の質問をさせて頂けたらと思います。

①「ズバリ、あなたが売ろうとしている商品はどんな商品か。特長2つを入れて、20秒以内で説明せよ」。

②「商品を見たとたん、いったいどんな客が〝是非、売ってください〟と、言ってくれるか」。

の2つです。この2つの質問は、マーケティングコンサルタントとして有名な神田昌典さんから「USPを明確にする質問」ということで教えて頂いた内容です。

ぜひ、一度あなたのサービスをまとめてみてください。

原稿作成を行う基本手順は次の通りです。

1番目　USPを明確に落とし込む。

2番目　響くセールスレターにつくり上げる

の順です。

この1番目でつまづくと、セールスレターをいくらいじくっても、中心となるメッセージが見込客に響き切れないのです。もし、すぐに答えられないという場合は、ぜひ1度じっくり紙に書きだしてみることがポイントです。これらを磨いていくだけで、間違いなくFAXDMの反応率は上がります。

そして、次の質問にぜひ答えてみてください。

「他社で同じような商品（サービス）が買えるにも関わらず、また、買わないという選択肢があるにも関わらず、なぜあなたの商品（サービス）を買う必要があるのか？」

あなたの商品（サービス）が選ばれる理由、まさにＵＳＰ（Uniqu Selling Proposition）とはこの質問の答えを指しているのです。あなたの商品（サービス）がＤ社と同様に見込客が選ぶ理由が明確になれば、あとはセールスレターを磨き上げれば、売上が爆発するのは当然なことなのです。

偶然ではなく、理屈を持って売上をつくり続けることができるようになるでしょう。まずはＵＳＰの見直し、事業が既にうまくいっている方もこの機会にぜひ２つの質問をじっくり考えてみてください。もしかしたら、今よりも大きくブレイクするヒントが見つかるかもしれません。

「ポジショニング」で競合がない世界へ

どんなビジネス分野においても、競合する会社（ライバル会社）があるのは当然ですが、競合会社が低価格戦略を仕掛けてきたら、こちらも価格で対抗するといった、常に、これを繰り返さざるを得ない状況にしばしば陥りがちです。

では、競合を意識しないでよい状況を創り出すためにはどうしたらよいのでしょうか？　その方法として最も効果があるのが、「ポジショニング」をすることです。ポジショニングとは、「自分の

〔図表2.5　競合分析シート〕

競合分析シート

	競合会社	URL	商品特徴	強み・弱み	改善ポイント
例	▲▲会社	http://…	価格が一番安い	業界で一番古い安定のブランド。価格帯が安いが、サービスもほどほど。	価格訴求だけなので、お客さんの不安なポイントである実際の使用感などは伝わらないので、ここを訴えると、インパクトが出るのでは？
①					
②					
③					
④					
⑤					
⑥					
⑦					
⑧					
⑨					
⑩					
⑪					
⑫					
⑬					
⑭					
⑮					

ターゲットとなる顧客の頭の中に自社商品についての差別化されたイメージをつくること」です。

例えば、妊婦さん専門の治療院があったらどうでしょうか？　治療院と名の付く医療機関は数多くありますが、専門的に妊婦さんの体を配慮して治療をしてくれる治療院です。

そこでは妊婦さん専門の治療スキルを持っているというように見えますし、実際、こういう絞り込みをすることで、実績を積めて腕も上がります。このような治療院があったら、妊婦さんとしてはこちらを優先して選ぶでしょう。

このようにポジショニングをし、旗を立てることで競合がない世界をつくることができるのです。

妊婦さんにとって、治療院選びならココ！　とまさに競合がない世界になります。

ポジショニングするときに、1番重要なのは、「競合分析」です。競合がない世界をつくるのに競合分析が必要なんて矛盾していると思われるかもしれませんが、矛盾していません。競合がない世界をつくるためには、競合を徹底的に調べておく必要があるのです。参

考までに競合分析シートを掲載しました。（図表2・5）

部分分析の仕方

では、競合分析の仕方を順にお伝えします。

①10社気になる会社をあげる。

ＷＥＢ検索などで、上位表示している会社を中心に選びます。ここってなんかすごいなと思える会社を選びましょう。

②商品特徴を記述する。

ターゲットはどこ？　提供しているベネフィットは何？　強みとなるメソッドは何？　という観点で記述するとその会社の強みが見えやすくなります。

③1番の売りは何？　弱みは？

ここの1番の強みは何か？　を記述しましょう。安さ等も強みです。逆に弱みもここに記載してください。

④改善ポイントは何？

ここが改善ポイントとか？　こういうことがあったらよいのにというポイントを記載します。隙間を見つけるポイントでもあります。これらを実際にエクセルシートに埋めて整理してみてください。そうすると、他社の打ち出し方が整理されるため、自分の打ち出し方が見えてきます。

これらを見つつ、自分達は、
・どこのターゲットに
・どういうベネフィットを提供できるのか
・どういうメソッドを使うのか
を考えます。

簡単なポジショニングの取り方としては、「ニッチに絞る」です。マーケティング業界の大御所であるダン・ケネディは「Rich in Nich」という言葉を常に強調しています。「リッチはニッチにあり」という意味で、「ニッチに絞ると儲かるよ」ということです。ライバルの弱いところや、不便なところを見定め、そこを圧倒的に強化するということもできますし、ターゲットを狭めることもニッチ化するポイントです。ニーズがあるニッチ市場に、自社の強みを持って攻めれば、まさにそこは競合がいない世界です。

実際に今、大手と言われるあの企業も競合がいない世界をつくり出しています。

それはコンビニエンスストアを世界的に展開しているS社です。

創業の当初は、競合である既存の総合小売店を研究し、価格以外の面で誰も手をつけていなかった時間的ニッチ（当時24時間はなかった）を狙った、営業時間の改革によって急成長を成し遂げました。他にも激安市場全盛の中で、あえて高級志向を持ち価格ニッチを狙い、成功したスーパーマーケットなどもあります。当然こういった「●●ニッチ」は広告を打てばその魅力が引き立ちますので、大きな反応を得ることができるでしょう。その他に、私たちがよく知っている商品（サービス）の中には、その会社がニッチから市場を切り開いたものが多くあります。例えば、ＰＣメガネで一気に爆発的な市場をつくったＪＩＮＳなどがそうです。

「Rich in Nich」

競合がいない独占市場をつくれるチャンスがあなたにもあるかもしれません。

見込客は「理由」を欲しがっている

心理学者のエレン・ランガー氏が行った実験によりますと、図書館でコピー機の前にいる人に「すみません、先にコピーをとらせてくれませんか？」と伝えたところ、譲ってくれた人は60％だったということです。しかし、「すみません、先にコピーをとらせてくれませんか？「急いでいるので」と伝えたところ、94％の人が譲ってくれたそうです。

それだけであれば、なるほど！　という内容ですが、「すみません、先にコピーをとらせてくれませんか？　コピーをとらないといけないので」と少々、理由にならない理由を伝えたところ、なんと93％もの人がコピーを先にとらせてくれたのだそうです。極端な話ですが、しっかりとした理由でなくても、理由がついているだけで人は納得しやすくなるという習性があるのです。

例えば、会社であれば、部下に「遅刻します！」とだけ言われると通常は納得できないですが、「朝、1本バスを乗り過ごしてしまったので、遅刻します！」と、理由にはならない理由に、思わず了承してしまうことがあります。

話しを本題に戻しますが、読まれて、かつ行動を喚起することができるＦＡＸＤＭは、この「理由」が書かれていることが重要です。

例えば、「眠れないという悩みを解決してくれるのがこの枕です。」とだけしか書かれていないとすれば、その眠れないという悩みを抱えている人は興味津々でそこまでのレターを読んでくれても、「ホント？」という疑問が解決できず、前へ進めません。

多くのＦＡＸ原稿で、この「ホント？」の部分を書かれていないものが多いです。

もし、たいした理由が見つからないとしても、先ほどのコピー機の件を思い出してください。小さな理由でも付け加えられると、読み手は「ホント？」というもやもやがなくなるのです。当然、もっともな理由があればあるだけ好ましいのですが、たとえ、小さな理由しかなかったとしても、セールスレターでは『必ず、理由を付け加える』ということを意識してみてください。

「買わない理由」を潰す

あなたは「人は感情で買い、理屈で正当化する」という言葉を聞いたことがありますか？

この言葉は『あなたの会社が90日で儲かる！』（フォレスト出版）という神田昌典さんの本の中で紹介されています。

人はいくら理屈を並べられても、その前に感情的に「いいな！」と思わなければ、購入にいたらないということで、逆に感情で「いいな！」と思ったら、その後に自分の中で正当化させるためにいろいろ理由を考えて納得させるという習性があるとのことです。

例えば、「今日からダイエット！　間食は絶対やめる」と決めたそのとき、目の前に大人数の行列が!!　その先頭を見ると、新しくできたメロンパン屋さんがあり、「本日オープンのため、メロンパン1つ無料」と書いてあるではありませんか。それを見たら、今日からダイエットをする計画を明日からに変更したという経験を持つ人は少なからずいらっしゃることでしょう。なぜならば、「メロンパンが今日だけ無料なのですから」。そして、「明日からでもダイエットはできるわけですから」。

つまり、「行列を見る」↓「メロンパン無料」↓「これだけ並んでいるということはおいしいはずだ！」↓感情が動く↓「食べよう。でもダイエットするって宣言してたな（汗）……」↓「今日だけ無料だからもったいないからいいよね」（理由1）↓「明日からダイエット開始しても一緒だよね」（理由2）という感じです。

ダイエットをしようと決めていても、人はなかなか実行できないのは「甘いもの」や「おいしそうなもの」の宣伝がどうしても目に入ってしまうからなのだと思います。

このことは、企業においてもあてはまります。

企業においても、商品やサービスを購入するのは人です。「スペックがこれが一番よいからこの会社の商品を買おう！」と理屈だけで人は動きません。

例えば、ホームページ業者を同業の知り合いに紹介されました。「すごい腕があるホームページ会社さんで、うちの会社、この会社に頼んだら問い合わせが月50件も増えたんだよ」と言うお話を聞きました。そうしたら、どうですか？　心動きませんか？　「同業の仲間がこれだけ成果をあげている。乗り遅れたらまずい！　このホームページ業者にお願いしたい」と。買うことをこの話を聞いた時点で決めるかもしれません。同業他社の知り合いがこれで売上をバンバン増やしているのです。欲しくなるでしょう。月50件の問い合わせを損している自分を想像したりして。

しかし、実際は問い合わせ数が増えた理由は本当は別にあるかもしれません。広告運用していなかったが、このＨＰに変えてから初めてやってみたら上手くいったなど、本当はホームページをリニューアルしたからではないかもしれないのです。確認していないで、同業の知り合いに紹介されただけなのですから。

このことがまさに、「感情で買う！」ということです。感情に響かせることは非常に重要です。しかしその後、上司や先輩などからの指摘で、自分が決めたことが間違っていたのではないか？と、突然不安になることがあります。人に言われなくても、ちょっと待てよ……と。自分の中でふと気を抜いたときに疑問が出てくることもあります。

あなたも営業活動をしていて、「あの社長買うって言っていたのに、なんか電話もつながらなくなったよ」というような経験ありませんか？　買いたい！　の後に、お金を支払う前にこのような不安が怒涛の如く押し寄せてくるのが人なのです。特に多くの支出を伴う物やサービスを購入する場合は、不安が押し寄せます。

では、どうすればこのような不安が出てくるのを防げるのでしょうか？　その解決法は、先回りしてこちらから「理屈」で正当化してあげればよいのです。筆者がよくお客様に伝えているのは「ＦＡＸＤＭはセールスレター＝セールスマンシップ・イン・プリント」です。紙の上の営業マンです。優秀な営業マンはお客様との会話の中で、見込客の不安をできるかぎり、解消するため事前に購入する前に訪れる不安を書き出し、それにどう答えるかをトークの中に盛り込みます。

ＦＡＸＤＭはＡ４一枚、そのＡ４一枚の中で感情を動かすだけでなく、反応するときに訪れるであろう不安を解消する必要があるのです。しかし、ＦＡＸを書くときに、このことへの意識が漏れている方多いのです。そこで、セールスレターを書くときに筆者が使っている「購買抵抗解消シート」を掲載しました。（図表２・６）

この購買抵抗解消シートにはこんな不安がよくあるというものも事前に入れてあります。見込客の不安を想定して追加してセールスレターを書く前に記載しましょう。ぜひ、このシートを有効活用して「理屈」で納得させてあげてください。

何といっても発信者の気持ちが伝わることが大事

これまで、「商品（サービス）についての価値」の伝え方を中心にお伝えしてきました。

しかし、あなたの商品（サービス）を欲しいと思ってもらうためには、それだけではなく、発信者である「経営者やスタッフのこの仕事へかける想い」を伝え、多くの方に「共感」していただく

〔図表2．6　見込客の購買（行動）抵抗解消シート〕

買わない理由	その理由をどう解消してもらうか
このサービスって買う意味あるの？	
なぜ私が買わなければいけないの？	
なぜあなたから買わなくてはいけないの？	
なぜその商品（サービス）なの？	
他の会社のサービスのほうが良いんじゃない？	
なぜその価格なの？	
別に今買わなくていいのでは？	
これ、導入してもつかいこなせないんじゃない？	
自分にとって本当に効果あるの？	
もっと安いサービスがあるんじゃない？	
この販売会社聞いたことないよね。 信用して良いの？	
このサービス高くない？	

〔図表2．7　想いを伝えるテンプレート〕

1.　あなたがおしごとを通してお客様に提供したい価値を教えてください

2.　その価値をお客様に提供したいと思うようになったエピソードは何ですか？

3.　価値を提供する上で困難とどのように克服したかを教えてください。

4.　これまでどのような価値を提供してきたのか。他社との差別化はどこにあるのかを教えてください。

5.　その差別化の結果、どのような成果を得ることができたのかを教えてください。

6.　今後どのようにお客さんにお役立ちしていきたいと思っているかを教えてください。

ことが大事です。そうすれば、「この会社なら信用できる」であったり、「この会社好きだな」と思っていただけたりするかもしれません。

そのように、商品の価値だけでなく、人の想いに共感するのが人間です。

どうしても、売り込みたいという気持ちは、受け手からお金を払ってもらいたいという気持ちになって、それが全面に出てしまいます。

その反面、「誰かを助けたい」という気持ちを持てれば、人に「与えたい」という気持ちが前面に出せます。

ぜひ、1度、社長の想い、そして、スタッフの想い、みんなで話し合って、想いを共有することをおすすめいたします。

そこで、「想い」を整理するためのシート「思いを伝えるテンプレート」を掲載しました。（図表2・7）ぜひ、ペンを持ち、順番に記入してみてください。

「おしごと」はお客様の問題を解決するためにある

もともと「おしごと」はお客様の問題を解決するためにあるもの。

お客様に売ることは悪いものではなく、問題解決のお手伝いをすること。

メンバー全員で記入すれば、おしごとへの気持ちがきっと盛り上がることでしょう。そして、記入した内容を、WEB上やパンフレット、セールスレターに展開し、自社の想いを宣言してみるのはいかがでしょうか。

3　FAXDM成功事例とそのポイント

ではここで、FAXDM成功事例とそのポイントをご紹介します。

事例1　反応率が上がったほうとう専門店

筆者は、お客様の反応率を向上し、売上貢献をするために、原稿アドバイスを無料で行っています。

ここでご紹介するのは、反応率1・6％を出すことができた、ほうとう専門店の事例です。(図表2・8)

このお店から「旅行代理店に向けて、観光バス受入施設である「ほうとう専門店」のお知らせ」と

〔図表２．８　ほうとう専門店のFAXDMの内容〕

平成28年12月吉日

旅行代理店・旅行エージェント関係者各位

河口湖エリア観光バス受け入れ飲食施設のご案内

[redacted]ほうとう専門店 [redacted]

拝啓

師走の候、皆様におかれましては、ますますご清祥のことと心よりお喜び申し上げます。

さて、本年度の10月1日より皆様のお支えの中、おかげさまで河口湖美術館前にて、「[redacted]ほうとう専門店 [redacted]」のオープンにいたりました。ユニークな店名ですが、私達が美味しいと思う"ほうとう"を、飲食のプロである私達が、日々研究を重ね、郷土食であるほうとうを提供したいと思い、この店名としております。当研究所内には、自家製麺所（第一研究室）があり、その日、打ちたての"ほうとう麺"をご提供しております。料理の味や食材へのこだわり、店内内装などに関しましては今までのほうとう専門店と差別化を図っており、新たな人気店となる自信を持っております。 河口湖方面は一般客ターゲットにしている大型バスの受け入れ可能な飲食店は非常に少なく、また、当施設は１日に受け入れできる大型バスの台数には限りがございます（時差利用で１日最大１０台程度）ので、関東・中部エリアを中心の旅行会社の関係者さまにご案内をさせていただきます。 ※お受けできない可能性もございます。早めにお問い合わせくださいませ。

敬具

記

1：コース・人数によっては、最大３５％以上のフィーをお支払い可能。要相談（通常１０～１５％）

2：ドライバー様や添乗員様へのお食事のサービス、店内に客席とは別に休憩所（ドライバー等）も有り。

3：広い駐車場で大型バスでのご利用も大歓迎。（一度に大型バス１０台以上は受け入れ可能）

4：最大40名様程度までお座りいただける貸し切り可能なログハウス席とお座敷席。（４０名×２区画）

店　舗　：　[redacted]ほうとう専門店 [redacted]
山梨県[redacted]
営業時間　11：00~21：00（L.O　20：00）
URL　http://[redacted]

運営会社：[redacted]
山梨県[redacted] URL http://[redacted]
問い合わせ先　電話 [redacted] FAX [redacted]
Mail [redacted].com [redacted]まで

以上

□詳細資料を送ってほしい　□電話をしてほしい　□打ち合わせに来てほしい　□今後DM不要

貴社情報

会社名（　　　　　　　　　　）部署（　　　　　　　　　　）

ご担当者（　　　　　　　　　　）電話番号（　　　　　　　　　　）

FAX（　　　　　　　　　　）mail（　　　　　　　　　　）

備考（　　　　　　　　　　）

いう内容のＦＡＸＤＭを打ちたいというご相談がありました。次の原稿が最初にいただいた原稿です。

ぜひ、あなたも旅行代理店の立場で、このＦＡＸを受け取ったらどういう印象を持つかと感じてみてください。たくさんの原稿を見て、根拠を持ちつつ、こうしたらうまくいくだろうと自分なりの答えをつくっていくと、コピーライティング能力はぐんぐん上がっていきます。

さて、この原稿は弊社が原稿アドバイス依頼を受け、その後、お客様に修正していただいています。どのようなアドバイスをしたかというと、次のとおり。

①受け手である旅行代理店のニーズとウォンツをできるだけ具体的に把握する

旅行代理店は、自社でツアーを企画して、販売していきます。そのツアーの企画を魅力的にするために、より満足していただける観光場所や飲食店を常に探しているのです。そのため、「このような情報提供ＦＡＸは一応目を通す」という前提があると考えられます。

もし、企画に取り入れるのであれば、実際に見に行かなくてはいけません。その場所が魅力的とわからなければ、失敗したくないので行きたいと思わないでしょう。

ですので、ＦＡＸもどれだけ魅力的に、わかりやすく記述するかが重要です。

②タイトルしかみない人が８割近くいるという事実を認識する

ＦＡＸＤＭを、受け取った全員が隈なく読んでくれるなんていうのは幻想です。ほとんどの人が

2秒程度見て、捨てるか読むか判断します。そのときに1番読んでもらえるのが、タイトルなのです。

今回のタイトルは、「河口湖エリア観光バス受け入れ飲食施設のご案内」です。この地域のツアーに採用するべき理由がこのタイトルから見つかりますか？　河口湖エリアにおいて観光バス受け入れの飲食施設が少ないという事実があれば、それは必要な情報ですが、観光客に魅力を伝えられる武器にはなりません。

そこでアドバイスさせていただいたのが、

・10月オープンという話題性

・ほうとう専門店という現地の食事の魅力

というアピールを追加してタイトル付けをすることです。

「10月にオープンする　しかもほうとう専門店でバス受け入れ可能。これ、ツアーに組み入れるといいかもな」。という旅行代理店の方の心の動きをイメージできます。

③全般的に内容は悪くなく、紹介フィーも発生するなど魅力的にする

しかし、文字が連続していて、ちょっと文字に圧迫されるという印象を受けました。

そこで、アドバイスさせていただいたのは、

・行間をつける。

・アピールするところが伝わるように下線を引く。

ということです。

受け手は全部じっくり読むことはなく、斜め読みしますので、大事なところだけでも目に入るようにするのです。

④地図を載せる

ツアーには行く場所の順序があります。地図があることで、ここの場所ならツアーに組み込みやすいということや、見学に行くときにも○○日に近くを通るから見学に行こうとかイメージがつきやすいです。そこで、地図をわかりやすく入れることをアドバイスさせていただきました。

その結果、送信したのが次のページの原稿になります。

いかがでしょうか？

もちろん完璧！　という原稿ではありません。

いや、正直、ＦＡＸＤＭって完璧でなくてよいのです。受け手に見てもらい、情報が伝わり、行動したくなる状態がつくれているかが重要なのです。

旅行代理店の方のニーズに対し、しっかりアピールできている、そんなＦＡＸＤＭになっていると思います。

さて、結果ですが、計６０００件ほどの宛先に配信し、その2日後に確認のご連絡をさせていただいたところ、１００件以上のお問い合わせがあり、むしろ回りきらないほどの反応だったと仰っ

〔図表2．9　ほうとう専門店のFAXDMの内容〕

平成28年12月吉日

「10月オープン」河口湖エリア観光バス受け入れ施設
海鮮ほうとう専門店のお知らせ

[redacted]

海鮮ほうとう専門店 [redacted]

拝啓　師走の候、皆様におかれましては、ますますご清祥のことと心よりお喜び申し上げます。

さて、本年度の10月1日より皆様のお支えの中、おかげさまで河口湖[redacted]にて、「海鮮ほうとう専門店 [redacted]」のオープンにいたりました。

ユニークな店名ですが、私達が美味しいと思う“ほうとう”を、飲食のプロである私達が、日々研究を重ね、郷土食であるほうとうを提供したいと思い、この店名としております。

当研究所内には、自家製麺所（第一研究室）があり、その日、打ちたての“ほうとう麺”をご提供しております。料理の味や食材へのこだわり、店内内装などに関しましては今までのほうとう専門店と差別化を図っており、新たな人気店となる自信を持っております。

河口湖方面は一般客ターゲットにしている大型バスの受け入れ可能な飲食店は非常に少なく、また、当施設は1日に受け入れできる大型バスの台数には限りがございます（時差利用で1日最大10台程度）ので、関東・中部エリアを中心の旅行会社の関係者さまにご案内をさせていただきます。　※お受けできない可能性もございます。早めにお問い合わせください。　敬具

1：コース・人数によっては、最大35％以上のフィーをお支払い可能。要相談（通常10～15％）
2：ドライバー様や添乗員様へのお食事のサービス、店内に客席とは別に休憩所（ドライバー等）も有り。
3：広い駐車場で大型バスでのご利用も大歓迎。（一度に大型バス10台以上は受け入れ可能）
4：最大40名様程度までお座りいただける貸し切り可能なログハウス席とお座敷席。（40名×2区画）

店　舗：　海鮮ほうとう専門店 [redacted]
山梨県[redacted]
（河口湖[redacted]）
営業時間　11:00~21:00（L.O　20:00）
URL　http://[redacted]
運営会社：　株式会社[redacted]
山梨県[redacted]
URL http://[redacted]
電話0[redacted] FAX 0[redacted]
Mail [redacted]まで

お手数ですが、下記にご記入の上、返信ください。

□詳細資料を送ってほしい　□電話をしてほしい　□打ち合わせに来てほしい　□今後DM不要
貴社情報
会社名（　　　　　　　　　　）部署（　　　　　　）
ご担当者（　　　　　　　　）電話番号（　　　　　　）
FAX（　　　　　　　　）Mail（　　　　　　）
備考（　　　　　　　　　　　）FAX 0[redacted]まで

ていただきました。

反応率でいうと1・6％以上。費用対効果にバッチリ答えられたということで大喜びいただきました。受け手のことを徹底的に考えつくして原稿を作成することの重要性がわかっていただければ幸いです。

事例2　反応率4％の成功事例

反応率4％の成功事例があります。これは、実際の原稿を読まないと理解しにくいと思いますので、ぜひ、まず原稿をご覧ください。（図表2・10）

こちらは、歯医者様向けに自然免疫を活性化させるサプリメントと資料・チラシを無料で配布するという内容です。これは実際の新聞記事ではありません。新聞記事のように、この会社様が記事をつくったのです。国際特許への出願番号も出ており、非常に専門的です。さらには、サプリメントの写真を載せると同時に、発売開始1年で600万包と、市場において非常に信頼性が高いものだということがわかります。

歯医者さんにこのＦＡＸが来たら、専門的な内容に見えるため、捨てられず、

確実に院長に届けられる。

←

院長が見て、専門性が高いことを新聞で感じる。

〔図表２．１０　反応率４％のFAXDMの内容〕

[redacted]大学薬学部が自己免疫を活性化する乳酸菌を発見、特許を出願した。[redacted]大学特許技術であるカイコを使い免疫活性率を測定する方法で1万種類以上の食品や薬剤など様々な素材を測定。その中で最も高い数値を示したのが今回特許出願した乳酸菌。その乳酸菌のゲノムを解析したところ新亜種であることも判明した。長野県のある地方の【ぬか】から発見された新亜種乳酸菌は十一月一日に発見されたことから11-1乳酸菌（いちいちのいち）とされた。

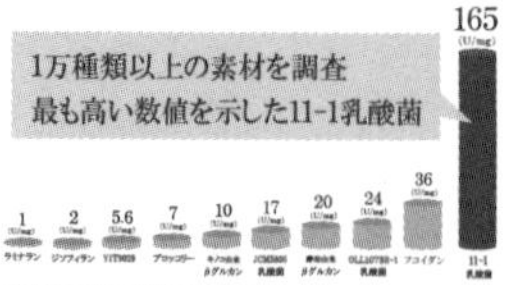

免疫活性率測定 [redacted]大学薬学部関水研究室調べ

免疫活性を測定する技術が発見に至る

[redacted]大学「薬学部」が発見、国際特許出願

【自然免疫】を活性化する新亜種乳酸菌発見

感染症、疾患、皮膚若返りなどに期待

～多くの可能性を示唆～

その高い免疫活性力をもつ11-1乳酸菌の基礎研究を開始。感染症対策で問題視されている薬剤に耐性をもつ緑膿菌に対しての実験を行った。11-1乳酸菌をカイコに投与し経過を観察。投与なし群が約90％死滅したのに対して投与あり群は約90％が生存。11-1乳酸菌により活性化された免疫機能が緑膿菌感染からの感染死を抑制したことが確認された。薬剤が効かない緑膿菌感染死を自己免疫によって抑制した研究結果から多くの感染症の抑制、多くの疾患の予防改善、腸内細菌の改善、皮膚免疫の向上による若返りなど多くの可能性が示唆される研究結果となった。

国際出願番号：[redacted]
出願：[redacted]大学、株式会社[redacted]他

カイコ感染モデルで緑膿菌に対する乳酸菌11-1の効果を明らかにした
乳酸菌11-1を与えたカイコの緑膿菌感染死の抑制がみられた。

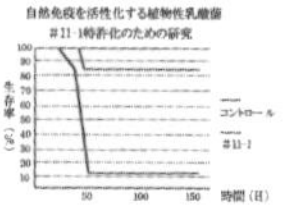

11-1投与なし→約90％が死滅
11-1投与あり→約90％が生存

緑膿菌とは…

医学上問題になっている細菌．緑膿菌は強力かつ広範囲な抗菌薬に対して抵抗性がある細菌。有効なものが限られておりフルオロキノロン系、カルバペネム系、アミノグリコシド系の3系統が特効薬として用いられてきたが、近年、3系統全てに耐性をもつ緑膿菌が現れ、「多剤耐性緑膿菌」といわれるようになった。
感染症法においても「薬剤耐性緑膿菌感染症」として定点把握疾患に指定されている。感染すると敗血症、続発性肺炎、心内膜炎、中枢神経感染など重篤な疾患を引き起こす。特に緑膿菌敗血症は致死率80％と言われている

免疫反応は若者は7日 高齢者は84日かかる

ケガや病気になると免疫細胞が集まってくる。その集積速度は加齢に伴って落ちてくる。若者は７日で免疫細胞の集積がピークに達し修復に向かうのに対して高齢者では８４日後にピークを迎える。ケガの治りが年々遅くなる、筋肉痛が数日後にくるなどは免疫の反応速度が拘わっている。早く反応し修復すればそれだけ元通りになる可能性が高くなる。

ヴァンパイアは理に適っている？

ケガや病気、美容、健康、精神状態など様々なことに免疫が深くかかわっている事が分かっている。免疫が異常にすぐに反応し、修復していれば理論上細胞老化はかなりの確率で止められる。それどころか若返る可能性さえある。米カルフォルニア大学では人間年齢で１０代のマウスと人間年齢で１００歳のマウスの血管を繋ぎ合わせ免疫を混ぜ合わせる実験を行った。すると１００歳マウスの筋肉細胞が１０代のマウスと変わらないレベルまで若返った。人間で血管を繋ぎ合わせることは不可能に近い話だが、免疫が若い状態まで活性化されると若返る事が実験により確認された。

測定開始から8年、測定した物質1万種類以上、発見から実用化まで2年半

サンプル3包、資料、PR用チラシを送付させて頂きます。

発売開始1年 600万包突破！

下記にご記入いただき 0[redacted] までこのままファックス下さい [redacted]

会社名	担当者様名	連絡先
送付先住所 〒		

製造販売元 株式会社[redacted] 〒[redacted] [redacted]県[redacted]
TEL0[redacted] mail：[redacted] HP：[redacted]

← 市場で売れていることで商品の質の高さに安心。

← サンプル無料配布なので、質を確認したい。

と流れがスムーズになるでしょう。

もちろん、市場において信頼性の高い商品であったというのも、反応率が高い理由だと思いますが、それに、新聞記事を載せることにより、信頼性を底上げした結果だと思います。人はどんなによさそうだと思っても、反応はしません。信頼するから、反応するのです。

ＦＡＸＤＭで成功する会社の３つの共通点とは

これらの事例もそうですが、反応がよいＦＡＸＤＭが必ず行っている「３つの共通点」があります。

その３つとは、

共通点１：配信先企業の「問題点や悩み」を具体的に解決する方法を提案している

共通点２：オファー（特典、プレゼント）が魅力的（お金を払っても欲しいものが無料など）

共通点３：アクションをしてもらいやすいよう差し込み印字が秀逸に設定されている

それぞれを詳しく解説していきます。

共通点1：配信先企業の「問題点や悩み」を具体的に解決する方法を提案している

先日、あるお客様で、1560件配信してお問い合わせ（無料相談）が2件あったよという方がいらっしゃいました。正直、原稿はまだまだ改善の余地があります。通常のFAXDMでなんのオファーもなく、お問合せ（無料相談）の獲得となると「営業されるのではないか？」「どうせ営業でしょ？」という意識になるためか無料相談の切り口では、0・1％の反応率を切ることが多くなります。

その中で、0・1％以上（むしろ0・2％近く）は反応率としてはなかなかのよい結果でした。

これが実際の原稿です。（図表2．11）。こちらの反応が取れたFAXDM原稿と配信先を分析しますと、まず原稿内の提案内容が「かなり具体的かつピンポイント」です。

このお客様の配信先は「介護施設」ですが、内容としては「施設で流行っている病気（具体的なある病気名を出し）という「悩み」をゼロにする無料相談を行う」提案をしています。

相手の抱える「困った」を解決する内容が「具体的」であれば反応は起こりやすくなります。

これが、〝もやっ～〟とした抽象的な提案のFAXDMですと、このように反応は取れないです。

例えば、夏場の飲食店で、単純に「ビールはいかがですか？」と店員さんにすすめられるのと、「キンキンに冷えたビールはいかがですか？」と言われるのは、どちらが注文に繋がりやすくなりますか？　具体的な描写が伝わってくると、ビールを無性に飲みたくなるのと同じです。

FAXDMに限らずですが、コピーライティングは「紙のうえの営業マン」をつくることです。

〔図表２．１１　配信先の問題点や悩みの解決方法を提案〕

地域で負けない施設づくりの提案

相談 無料　誤嚥性肺炎ゼロを目指せる施設づくり・職員育成
嚥下予防コンサルティング・セミナー事業紹介

平成[redacted]年より[redacted]の訪問看護ステーションに勤務。複数の介護施設訪問を通じ介護職員のスキルアップが誤嚥性肺炎予防に重要であると感じ嚥下障害に特化したコンサルティング・セミナー事業を行っている

[redacted]　代表[redacted]　言語聴覚士

※誤嚥性肺炎が経営を圧迫している

介護施設での誤嚥性肺炎の発症率は 11～20%といわれています。重症となると 1 カ月以上の入院となることもあります。回転率は下がり減収につながります。要介護 5 の方が 1 カ月間入院すると 300,000 円以上の減収との報告もあります

※専門職（言語聴覚士）の活用

言語聴覚士は嚥下障害に積極的に関わっています。食事形態・食べ方・姿勢を変えるだけで安全に経口摂取を続けることができます。利用者様に合った助言・アドバイスを行います。また予防訓練プログラムの立案も行います。

介護施設に専門的視点を導入し安心・安全に食事を楽しんでもらえる環境づくりをお手伝いします

※無料相談のお知らせ

お問い合わせ後、施設に伺い業務内容・料金体系等の説明を致します。その際、嚥下・食事に関わる無料相談を致します。食事時間に訪問させて頂けると様々なアドバイスができるかと思います。

※コンサルティング業務（定期訪問）

・施設に訪問し環境調整・実技支援を行います
　支援内容
①食形態・とろみの調整
②食事介助（技術支援）
③口腔ケア支援
④予防訓練プログラム立案

食事に関わる日頃の悩みに相談・助言致します
技術支援を行い職員のスキル向上を図ります
料金 35,000 円～

※出張セミナー事業

・施設内研修としてご検討下さい。
・嚥下に特化した１１メニューの中から選択

①～入門編～摂食嚥下障害とは
②誤嚥性肺炎の予防の仕方
③口腔ケアについて
④食事介助技術を身に付ける
⑤介護職が行う嚥下機能評価
⑥介護職が行う嚥下訓練
⑦食事中の安全姿勢とは
⑧安全な食事形態とは
⑨認知症と食事介助
⑩安全な食事環境設定
⑪使いやすい・食べやすい食具
料金 1 メニュー　35,000 円

無料説明お申込みはＦＡＸにてお願い致します　ＦＡＸ　０

施設名		電話番号	
担当者名		住所	

※ホームページからも申し込みできます　http:/[redacted]

※大変申し訳ございませんが、今後 FAX 不要の場合は
右空欄に FAX 番号のみをご明記の上ご返信ください

FAX

質問：あなたのＦＡＸＤＭは「具体的に」相手の問題点に訴えかけていますか？

共通点２：オファー（特典、プレゼント）が魅力的（お金を払っても欲しいものが無料など）

共通点２つ目の「オファー」が、ＦＡＸＤＭに限らず、ＤＭも含め「相手に興味を植え付けるための手法」となります。それゆえ、オファーは特に重要です。

マーケティングはよく魚釣りにたとえられますが、「えさ」の部分になりますね。

例えば、オファーとして「〇〇ノウハウ集を無料進呈いたします」「〇〇のサンプルが無料です」「最新の〇〇がわかる無料セミナーです」といった、「ノウハウ（小冊子）」「サンプル（物販）」「セミナー（講座）」などを無料オファーとして、ＦＡＸＤＭを配信されるのが一般的です。ところが、こんなオファーをしている会社では圧倒的な反応率を獲得しているケースがあります。

そのオファーとは、

ケース１）販売商品を無料で配る

スーパーの試食コーナーと同じようなオファーですが、「販売商品を無料で配る」オファーは、商品がよければ、購入に繋がり、リピート購入に繋がり、という好循環を生み出します。

例えば、こちらのＦＡＸＤＭ。（図表２・12）

飲食店向けにワインを卸している某企業様のＦＡＸＤＭですが、なんと、ワインの2本セット3800円相当が無料ということです。これはワインを取り扱っている飲食店からすれば「無料だっ

〔図表２．１２　商品を無料で配る〕

本ファックスがご不要の場合はお手数ですが、破棄していただければ幸いです。

無料 業務用ワイン専門店「[illegible]がお勧めする

ワイン2本セット、今だけ無料プレゼント！

[illegible]は、飲食店業界専用のワイン仕入れサイトです】

3,800円相当！

当社伝説の大ヒット！イタリア白ワインと、
【最優秀フランス500醸造家】選出の凄腕が造る驚異の極旨ローヌ赤ワイン2本セットを、無料でお試しください。

■商品内容：set1704
「チウ・チウ/レ・メルレッタイエ 2015」（白）
「シャトー・レ・ザムルーズ /コート・ド・ラルディッシュ・シラー 2013」（赤）
希望小売価格3，800円相当

期間限定：11月30日（水）迄

<お申込みは簡単4ステップ！！>

★お申込みは以下の流れとなります。全てネット上でのお申し込み作業となります★

[illegible] 検索

[illegible]を入力

④ カートに進み、購入手続きを行ってください。

※商品価格が￥0になっていることをご確認ください。

※会員登録前に商品ページをご覧いただいた場合、通常の販売価格が表示されます。

お手元に商品が届きます。

お申込のやり方やワイン選びに困ったら・・・プロがサポート！

コンシェルジュサービスをどうぞご利用ください。

[illegible] 平日9:30－17:00受付　メール [illegible]

※電話やファックスでの無料ワインセットのお申し込みは受け付けておりません。

【[illegible]は、飲食店業界専用のワイン仕入れサイトです】

- ✓ ヨーロッパを中心に**自社探索・独占輸入、300アイテム以上**を常時取扱い。
- ✓ 必ず**複数の専門バイヤーがテイスティング**し、合格したワインのみをご紹介。
- ✓ 1本から出荷OK。**6本以上で送料無料（バラ混載可）**
- ✓ **AM11：00までのご注文で当日スピード出荷。**
- ✓ メニューにすぐに使えるキャッチコピーを全商品に用意！

※今後このようなFAXがご不要な方は、お手数ですが右記にチェックの上、ご返信FAXをお願い致します。　□ 今後FAXを希望しない
FAX [illegible]

【FAX配信に関するお問合せ先】[illegible]

【商品販売元】[illegible]

たらとりあえず取り寄せてみるか」となるでしょう。

このオファーは「**商品購買率・顧客平均単価から無料で配っても、後々利益が出る**」と見込まれている場合にのみ実施するケースが多いです。基本、1度使ってみることで、「価値体験」ができます。そうすることで、これなら継続して売ることができると、確信が持てるため、長期的に利益が上がるわけです。このように、リピート商品を販売している場合は、「販売商品を無料で配る」のオファーをご検討されてはいかがでしょうか。

ケース2）見積依頼で商品券を配る（図表2・13）

「うちの商品やサービスは単価が高い（原価が高い）から……」という場合に活用頂ける、反応が獲りやすいオファー戦略は、「見積依頼で商品券を配る」オファーです。サンプルFAXDM原稿としてはここにご紹介する、ギフト券1万円分が見積依頼で無料でもらえるというオファーです。

ただ、こちらのオファーを設定するときの重要な点は「見積もり依頼のハードルを低くしすぎないこと」です。「資料請求で1万円」にしてしまうと、お金目的で、興味がなくてもできてしまいます。

このサンプルFAXDMでは、見積もり依頼に「直近の電気料金請求書が必要」というハードルがあります。理想としては、反応して頂ける方に「**ちょうどこの商品（サービス）が気になるし、商品券がもらえるなら見積依頼しよう**」という心理状態にさせることです。

こちらのオファーも、発信者は「**見積依頼から成約までの確率から、見積依頼でお金を出しても利益が出る**」ことがわかっていることが大切です。このような商品やサービスは高額（高単価）商

〔図表２．１３　金券を配る〕

1/1

[redacted]　御中

コスト削減をできるだけ簡単に行いたいとお考えの社長様、総務担当者様へ

無料

電気料金が一番安くなるのはどこ？
一括見積＆切替サポートで手間いらず！

それで、最大１５％もの電気代が削減できたら、いいと思いませんか？

１１月３０日までのお申込みで【ギフト券　1万円分】がもらえるキャンペーン実施中！

- ✓ どこの電力会社に切り替えるのがいいんだろう・・・。
- ✓ 電力会社ごとに見積もりを取るのも、面倒なんだよね・・・。
- ✓ 切り替えた後で、失敗したくないし・・・。

6000件以上の相談実績！

と、そんなお悩みや不安はありませんか？それなら、当社の[redacted]をお試しください。

専任のコンシェルジュが、あなたの代わりに複数社のお見積もりを一括して取り寄せ、電力会社の切り替えまでサポートいたします。それも、**全て無料です**。

お申込みから切り替えまでの流れも、たったの３ステップで完了します。

STEP①　直近の電気料金請求書をご用意いただき、お問い合わせ下さい。

STEP②　[redacted]の担当コンシェルジュが各電力会社から一括して見積もりを入手し、あなたの会社に合った複数社の見積もりを約２週間でご提示します。

STEP③　あなたは、その見積もりの中から、どの電力会社にするか選ぶだけ！

実際に[redacted]を利用したお客様からはこのような声が届いております。

- **年間６７万円、削減率８．９％達成！　大阪府　中規模工場　N．T様**
  当社は全国に工場が複数あるため、どのように電力会社を選んでいいか困っていましたが、[redacted]iz』が、全国の工場ごとに最適な電力会社選びをサポートしてくれたので大変助かりました。また、停電のリスクも今までと変わらないことを説明してくれたので安心することができました。
- **年間９６万円、削減率７．７％達成！　愛知県　病院　F．K様**
  過去１年分の電気料金請求書を用意しただけで、４社の電力会社の試算結果を提示してくれて、楽に比較することができました。それに申込手続も書類に記載するだけで済んで簡単で助かりました。

尚、**１１月３０日まで**ですが、直近１２ヵ月分の電気料金請求書を提出していただいた企業様には、もれなく**「ギフト券　１万円分」を進呈させていただくキャンペーン**も行っております。

既に３，０００件以上のお客様からご相談をいただき、喜ばれている[redacted]
あなたにとってリスクの無いこの機会を、是非ご利用下さい。

【ＦＡＸでお問い合わせ】 ☑の上、以下の必要事項を記入いただき、[redacted]さい。

☐　無料診断申込み　☐　詳しい話が聞きたい　**FAX：03[redacted]（24時間受付）**

貴社名	[redacted]	電話番号	
ご担当者名		ＦＡＸ番号	
ご住所	〒		

【WEBでお問い合わせ】 [redacted] で検索

【お電話でお問い合わせ】 [redacted]（受付時間平日 10:00 ～ 18:00）

[redacted]

※今後、FAXの配信停止を希望される方は、お手数をかけしますが、以下にFAX番号記載の上ご返信ください。

☐　今後このようなFAXの送信を希望しません。　　FAX番号（　[redacted]　）

品が向いているようです。

商品やサービスの1．商品単価（顧客単価）、2．購入率（成約率）、この2点を踏まえて、どのようなオファーで反応率を高めた方がよいか、1度ご検討されていはいかがでしょうか？　オファーが改善されたらＦＡＸＤＭの反応率は圧倒的に向上します。

共通点3：アクションをしてもらいやすいよう差し込み印字が秀逸に設定されている

反応が取れている方はわかりやすく表現すると、One to One（ワントゥーワン）のやりとりを意識しているといえます。

要するに、ＦＡＸＤＭを配信した相手に1対1のやりとりで私たちの必要なものを送ってくれていると感じられるようなＦＡＸＤＭを送っている方は当然結果が出やすいです。そのために送り先のリストに合わせて原稿を書くことも重要です。できるかぎり、受け手の顔が想像できるようにして、ＦＡＸをいくつかに分けて記載するとよいです。しかし、皆さんの中には、1つの原稿だけ作成するのも大変なのに、いくつも原稿書くなんて無理と思われる方も多いと思います。

これも、「差し込み印字」機能を上手く使うことでこのOne to One（ワントゥーワン）を実現できるのです。ちなみに、「差し込み印字」とは、図表2・15の事例のように、よくＦＡＸＤＭの原稿上部に表示される宛名印字のことです。

こちらのような差し込み印字を行えば、One to One（ワントゥーワン）のＦＡＸＤＭ原稿が配信できるのです。キャッチコピーの下にある赤点線枠内の「株式会社ファーストストラテジー　採用担当者」が「差し込み印字」になっています。こちらを相手の会社名に変えて届けることができます！これなら〝わざわざ個別に送ってくれたのか〟と相手は感じるため、明らかに反応率あがるよね！と感じていただけると思います。

4　効果を倍増させるには法人リストを使いこなせ！

法人リストについて

まず、法人リストについてですが、勝手にＤＭ等で使用したら、何らかの法律に抵触するのではないかと誤解されている方もいらっしゃいます。

実は、「法人リスト」の性格としては、BtoC、つまり個人の消費者向けではなく、通常、情報が公開されているのが法人であるため、個人情報保護にはあたりません。ですから、こちらからプッシュ型のツールでいくら営業活動を展開していても（もしかしたら、勝手にＤＭ等を送らないでくれない？　と言われることがあるかもしれませんが）、基本、法律上の問題はありません。【２０１７年12月１日より特定商取引法が改定されました。詳しくは「ＦＡＸＤＭコンサルティング　特商法」で検索し、ご確認ください。】

しかも、この類の専門リストは、業種、地域等、どこに営業をしたいかというセグメントができ

〔図表２．１４　差し込み印字をしよう〕

〔図表２．１５　差し込み印字原稿〕

1/1

採用を一緒に手伝わせていただけませんか？　★中小企業に特化した採用支援企業★

【無料相談受付中】営業職採用のご案内

株式会社ファーストストラテジー　採用担当者　様

お読み頂きありがとう御座います。
弊社は20代～30代の**営業職採用に特化した**人材紹介事業を運営しております。

弊社には、毎月80名～100名の20代～30代の求職者の方がご登録頂いています。
ご登録頂いている全ての方と弊社のプロのカウンセラーが実際に3回～4回（計10時間）
お会いし企業様に自信を持ってご紹介出来る方のみご紹介しています。

また、弊社は中小企業様に特化をして人材の方をご紹介しています。
求職者の方も**"中小企業で働きたいと言う想いのある方のみ"**のご紹介です。

求人媒体では、最初に数十万の費用が発生します。
また、人材の方を採用出来ない場合でも費用が発生します。
弊社の場合は、**貴社希望の人材の書類選考**、**面接**まで**全て無料**です。
入社に至った場合のみ費用が発生する完全成功報酬となっておりますので安心してご利用下さい。

【まずは、FAX又はTEL：03-6273-2809 にてお問い合わせください】

No.	性別	年齢	学校名	学部・学科名	社歴	登録者の方の簡単なご経歴など（一部方です）
1	男	24	日本体育大学	体育学部	営業職 1社2年	【営業職希望】人材業界のベンチャー企業で目標達成し続けた、バイタリティある若手営業マン。
2	男	26	中村学園	流通科学部	営業企画 1社4年	【営業職希望】御影商材の企画提案営業。テレアポを中心に、新規顧客の開拓には自信有。
3	男	29	金沢大学	教育学部	営業企画 1社7年	【営業・企画職希望】大手物流会社にて営業職・企画職を7年経験。中小企業への転職希望。
4	女	25	信州大学	繊維学部	営業職 1社3年	【営業職希望】メーカー営業を2年。男性社員が多い中、2名の部下をマネジメントもしてきた。
5	男	28	神奈川県立高校	普通科	営業管理職 2社4年	【営業職希望】商社での営業を経て、管理職として活躍。部下の育成にも力を注いできた。
6	女	24	関東学院大学	人間環境学部	介護施設運営 1社2年	【営業職希望】明るく活発な女性。介護の現場では様々なイベントも企画するなど主体性有。

少しでもご興味がございましたら、FAXをお送り頂けると幸いです。

TEL:平日9:00~20:00
FAX:365日24時間受付

1 FAXの場合、下記に必要項目をご記入の上、このまま切り取らずに
[illegible]FAXしてください。折り返し連絡差し上げます。
2 MAILの場合、[illegible]でご連絡ください。（担当：白石、西大保）

【お客様へお約束】
しつこい営業は一切しません。
説明を聞いて合わなければ
お気軽にお断り下さい。

□採用を考えている　□少し興味がある　（募集職種：　　　）（募集人数：　　名）			
御社名		お問い合わせ担当者 役職・氏名	
TEL		FAX	
ご住所			

'16. 11. 10 Thu. [illegible]

お客様の個人情報は、お問い合わせいただいたCORE CAREERのご案内及びご興味ある弊社商品ご案内の為に利用致します。
本個人情報は弊社で責任を持って安全に保管し、上記目的以外の利用や、ご本人様の許可なく提供しません。　個人情報に関するお問合せ：管理部　久保

0368801453

ています。身近な例ですが、世の中に出回っている最も有名なリストは「電話帳（iタウンページ）」です。

ご存知のように、それは多くの電話番号やFAX番号も載っていて便利なのですが、対象者の絞り込み方法によっては、より効率的に対象者を探す方法があります。

例えば、特定の人気のある飲食店を探したい、あるいは、何かおいしい食べ物を知りたいといったときは、食専門サイトが便利です。

特にそのようなサイトの中には、基本的に掲載されている飲食店は掲載料を払って載せていたりします。したがって、ここで肝心なことは、そうしたお金を支払ってでも広告したい飲食店がそのサイトに集まっているということです。このことから、有料で掲載している飲食店は、その程度の差はともかく、「投資意欲がある」と見ることができます。

その他には、例えば求人している会社のリスト。求人できるほどの資金の余裕があるということがわかります。また、例えば不動産会社にアプローチをかけるのに、収益物件を扱っている会社のリストと、普通に単に不動産賃貸や不動産売買をしているリストとは属性がやはり違います。「収益物件を何か持っている会社にアプローチしたい」と思ったとき、電話帳のデータで探そうとしても難しいでしょう。しかし、例えば昨今では、インターネット上で「収益物件のポータルサイト」が開設されており、そこのリストをうまく抽出して取得すれば、収益物件を持っている会社だけにアプローチすることができるわけです。

こうしてアプローチしたいターゲットをより選別して自社の商品やサービスの案内をしていったほうが、電話帳だけ見て業種や地域だけを調べて、漠然とした対象者にアプローチするよりも、間違いなく反応率が上がります。

また、例えば、大手信用調査会社が発行しているリサーチ系リストが入手できれば、そこに掲載している会社の決算情報から財務状況が把握でき、毎年多くの利益を出している会社に対して「節税対策」の案内をすることもできます。

掲載している全部の会社を、その地域と業種だけで見ていると、そのようなことが見えてきませんが、そこまで分析してみると、実は営業アプローチには非常に役立つものとなるわけです。

法人リストはどれも同じではない

ＤＭを出す際に重要な要素と言われているのが、次の４つとなります。

①ターゲットリスト
②オファー
③タイミング
④クリエイティング

この４つを意識することで、ＤＭの効果を最大化することができるのです。

その４大要素ですが、重要さに違いがあります。

〔図表２．１６　各種のリスト例〕

リスト名	使い方
新設法人リスト	電話番号や FAX 番号が付与してあるところには、効果的なマーケティングができます。
６５歳以上の経営者リスト	事業承継を考えられている超見込客はここにいます。二代目育成や幹部採用なども検討されているかもしれません。
１０周年記念企業リスト	ノベルティの作成需要があります。しかも、ちょっと高額。効果的に攻めることができます。
リスティング広告出稿リスト	リスティング広告依頼会社の乗り換えや、他の広告媒体の提案などにもよいリストです。広告出稿をしているということは予算がもともと用意されているわけですから。
福利厚生に力を入れている企業リスト	福利厚生はまだまだ実施できないという会社が大半です。福利厚生予算がある会社だけに絞り、攻めることができるのは効果が非常に高いです。
プライバシーマークやＩＳＯ取得済リスト	認定の更新や研修の案内など非常に効果的です。
オフィス移転を考えられていると想定されるリスト	そろそろオフィス移転は考えられているであろうリストを抽出し、効果的に DM を送れたら当然効果的です。

５：２：２：１の法則と言われており、要するに①のターゲットリストが1番大事で重要さにおいて全体の50％を占めるという意味です。基本、受け手の方の状況をどれだけ知っているかによって反応が変わります。

したがって、その状況をイメージできるリストだけにできるかぎり絞ることが重要なのです。このターゲットによって、②～④のオファーやタイミング、クリエイティブも変わってきますので、最初に決めなくてはいけない項目になります。

しかし、新規開拓をする上では、自分の見込み客とピンポイントで合うリストを入手することで同業他社と差別化することができます。

ちなみに、ご参考までにリストの例をご紹介します。このようなリストがあれば同業他社に大きな差をつけることができるのではないでしょうか。

第3章

成果が出る FAXDMの書き方

1　成果が出るＦＡＸＤＭの書き方とは

実際に書く前に押さえておくべきこと／ＦＡＸＤＭは、「セールスレター」の一種

ＦＡＸＤＭは、「セールスレター」の一種だということをご存知の方は多いと思います。では、セールスレターとはどのようなものでしょうか？

セールスレターとは、「SALESMANSHIP IN PRINT（セールスマンシップ・イン・プリント）」の略です。日本語で言えば「紙の上における営業マン」という意味です。

ＦＡＸＤＭのテンプレートを弊社でも提供させていただいておりますが、どうしても、このようなテンプレートをお渡しすると、そこを埋めることだけを考え、埋めましたけど、いかがでしょうか？　とお渡しいただく原稿はぱっと見ただけで反応率０％とわかる原稿のできあがり……ということが少なくありません。

セールスレターを書く人間にとって、結果が出るテンプレートやどこの部分に何を書くとよいというような情報はもちろん必要です。

しかし、この紙の上の営業マンであるということを意識し、このＦＡＸＤＭを受け取った人間がどのような感情を抱くのか。

さらにはこのＦＡＸＤＭを受け取った人間の悩みは何か。どのような情報を求めているのか。と

いうリサーチから始まり、感情を動かし、行動に移してもらうことが大切なわけです。

デール・カーネギーが書いた『人を動かす』（創元社）によりますと、人が1番大事にしているのは、「自分の名前」ということで、名前を呼んでくれるとそれだけで、嬉しくなり、信用してくれると書いてあります。セールスレターも同様で、単に誰にでも同じ内容のものが送られているのではなく、自分のために送られていると感じられるほど、当然、読みたくなるものです。

このようにＦＡＸ原稿を書くということ、人間の心理をしっかり心得た上で、紙の上の営業マンであるというマインドが大切なのです。

セールスレターを書く際に大切なこと

セールスレターを書くときに考える大枠としては、
①「誰に」
②「何を」
③「どのように」
となります。ここで大事なことは、考える順番です。

すなわち、「誰に対してサービスを提供するのか」を考えずにセールスレターを考えてもいいものはできません。治療院の方と飲食店の方に向けて同じセールスレターを書いていいわけありません。また、若い店長と70歳を超えた店長に同じセールスレターを書くのは違います。

そして、一般社員の方と社長に向けて同じメッセージでよいわけがありません。そのように、受け手によって、当然ながら書く「ことば」は変わってきます。

また、この「誰に対して」という部分が漠然としていると、漠然とした情報しか書くことができず、どうしても情報が【抽象的】になってしまいます。

例えば、税理士さんが記帳代行のサービスを開業して2年目の歯医者さんを象徴的な顧客像として送ったとします。

A．記帳代行サービスが月19，800円！

B．【歯科専門】記帳代行サービスが月19，800円

C．記帳をすべて弊社に丸投げしていただくだけで、売上が一切変わらなくても手元の現金を増やすことができたらいいと思いませんか？　月19，800円の【歯科専門】記帳代行サービス

A、B、Cのキャッチコピー、どの原稿が反応が出るでしょうか？　間違いなく、「C」だとわかります。他のものより、実際の顧客の気持ちに具体的に沿ったキャッチコピーになっていると思います。

よいセールスレターを書くには、紙の上の営業マンであるということを根底において、FAXを受け取った人はどう感じるか？「何それ知りたい！」と言ってもらえるか。というように心の動きを感じることが大切です。

コンセプトを明確にする順序とは

反応率が「上がる」か「上がらない」かは、商品コンセプトが受け手の悩みに対してベストな提案になっているかどうかにかかってきます。ベストな提案になっているものは当然反応が出るし、商品コンセプトが不明確で、受け手が誰かもわからないというような提案は反応がでません。

しかし、原稿アドバイスをさせて頂いていると、読んでいてコンセプトが理解しにくい原稿が非常に多いのも事実です。

売れる商品コンセプトとは、簡単に言えば「何それ？　知りたいんだけど！」という反応を得られるコンセプトのことです。

例えば、

・受験期を控えたお子さんをお持ちの高学歴のお父さん

「初めて受けた模試の成績は、偏差値40。自分と同じような大学に行って欲しいと思っているとしたら、学年で1番成績が悪く、偏差値30だった子が現役で慶応大学に入ったという方法について書いてある本が売ってたよ」と伝えたら、「何それ？　知りたいんだけど！」となるでしょう。

こうした売れるコンセプトを考えるためには、このように「誰あてのメッセージなのか？」「どんな悩みに対して、解決できるのか？」が明確になっている必要があります。

ほんの少しの表現の工夫で反応率は3倍にも5倍にもなります。

売れるコンセプトづくりのために、ぜひ、この商品コンセプト明確化シートを参考にして記述し

〔図表3・1　商品コンセプトの明確化シート〕

商品コンセプト明確化シート

1.　あなたの商品やサービスを簡単に説明してください。

2.　その商品やサービスを欲しがるであろう人を具体的に教えてください。

3.　なぜ「その人」がその商品やサービスを欲しがると言えるのか「理由」を教えてください。

4.　商品やサービスのどんな機能が「その人」のどんな問題を解決するのかを全てあげてください。

①
②
③
④
⑤

5.　4であげた①～⑤をベネフィット（手に入れる利益）で述べてみましょう。

①
②
③
④
⑤

6.　5であげた中で見込み客にとってもっとも価値があると思えるものは何？

7.　では、その問題と解決策を　○○できる（する）方法という形でまとめましょう。

できる（する）方法

てみてください。（図表3・1）

この手順で、シートに記入をしていけば、「あなたの商品（サービス）が誰のどんな問題を解決できるのか」を具体的にすることができます。

記入をし終えたら、7番でまとめた内容についてを自分が見込客になりきり、問いかけてみてください。「○○という問題を解決できる××という方法があるのだけど、興味ある？」と。

かなり磨かれたメッセージになったのではないでしょうか？　逆に、「あれ？　全然響かないや」と思われた方も、この時点で気づいてよかったです。1番から見直し、やり直してみてください。「何それ？　教えて！」となったら、反応が出ないほうがおかしいのです。ぜひ、30分でかまいません。ペンを持ち、がんばって書いてみてください。大きなブレイクスルーがあるかもしれません。

ＦＡＸＤＭで重要な「ＴＴＰ」とは

ＦＡＸＤＭの反応率を上げるための〃必殺技〃があります。それはずばり「ＴＴＰ」……「徹底的にパクる」ことです（笑）。これは、上手くいっているＦＡＸを丸々同じ形にしてしまえ！　というわけではありません。

・ＦＡＸＤＭの原稿をつくるとき、特典を目立たせたいが、どう表現するのがよいかわからない……
・伝えたい内容が多すぎて箇条書きでは収まらない……
・キャッチコピーの表現が上手くいっている人はどうしているのだろう……

このような部分部分でのお悩みがでてきます。大抵ゼロから何かを作り出そうとするほど大変な思いをしてしまい、時間もコストもかかってしまうものです。

では、そんなときに、「見本」があったらどうでしょう？

そう、「徹底的にパクる」とは、数あるＤＭの中から「これはうまい！」と思えるパーツだけを部品化し、それぞれ使える部分を「再利用」してしまおうということなのです。

このように、再利用できるファイルのことを専門用語で「スワイプ（借用）ファイル」と言います。

第１章の「そのＤＭ、本当に信頼できますか？」（14ページ）でも述べましたが、そのような信頼性が低いＤＭの中でも、「通常価格に手書きで×をして、オファーの特別金額を記載」といった、「うまい！」と思えるパーツがありました。

こういった「上手なパーツ」をどんどんストックしていき、組み合わせて利用することで反応率アップを目指そう！　という考え方なのです。

ＦＡＸＤＭをパーツごとに分けると、

・ターゲットコピー↓届けるべき人は誰宛なのかの記載
・キャッチコピー↓タイトル部分
・オファー↓ＦＡＸ限定特典など
・導入文↓このＦＡＸの意図を伝える
・ボレット↓箇条書きでベネフィットをわかりやすく

〔図表３．２　送付状タイプの場合〕

1.ターゲットコピー（送付状）

ＦＡＸ送付状

平成28年1月26日

野球部顧問 様

株式[redacted]

送信枚数：3枚（送付状含む）

貴校野球部の指導に関して　送付のご案内

拝啓　時下ますますご清栄のこととお喜び申し上げます。

先週１月２１日（木）に、野球部顧問の先生宛にFAXをお送り致しましたが、お手元に届きましたでしょうか。ご確認頂けていない可能性も御座いますので、改めてご連絡させて頂きました。

貴校野球部の活動にて、生徒様の教育の為にご活用頂ければ幸いで御座います。ご査収くださいますよう宜しくお願い致します。

関東圏内　土木・建設業各位

FAX送信のご案内

発信元	[redacted]	送付枚数	本状含め１通
返信先		日付	平成２６年１１月５日
要　件	土木・建設業における給付金の受給と活用についての実態調査		

・アクション文↓反応しなければ！　と思える後押し

・レスポンスデバイス↓返信窓口

となります。

ここではこの中から、

①ターゲットコピー

②ボレット

③レスポンスデバイス

の3点について、実例とともにお伝えいたします。

（図表3・2〜3・5）

① ターゲットコピー

本来会社内のＦＡＸ機は発注書のやり取りなど、取引先との連絡に使うものです。

つまり、やり取りが交わされる内容は全て「業務文書」なのです。それと同じく、「業務文書」という形で担当宛のＦＡＸが届いたら、受け取っ

〔図表３．３　業務連絡タイプの場合〕

1.ターゲットコピー

平成28年1月26日
野球部顧問 様

【再送】1月28日（木）締切の
特別申請に関して

平成２７年１２月吉日

関係各位

リフティングマグネットの年末特価販売のお知らせ

FAX用紙および、トナーの無断拝借をどうかお許しください。

社長様　限定28部だけですが、3万円の契約顧問料をいただく会員様へのサービスの一部を限定公開！！中々外部に相談できない「社員の採用や育成に関する悩み」を読むだけですっきりと解決方法が見つかる冊子に興味はありませんか？

First Strategy

〔図表３．４　ボレッドの例〕

2. ボレッド（列挙）

・飲食店経営（店舗数80店舗）…カード決済手数料0.5%ダウン・年間で削減額480万円、削減率12.5%
・美容室経営（店舗数10店舗）…カード決済手数料1.0%ダウン・年間で削減額288万円、削減率20.0%
・ラウンジ経営（店舗数1店舗）…カード決済手数料1.2%ダウン・年間で削減額144万円、削減率20.0%
・接骨院経営（店舗数6店舗）…カード決済手数料0.8%ダウン・年間で削減額174.6万円、削減率16.0%
・アパレル店経営（店舗数2店舗）…カード決済手数料0.7%ダウン・年間で削減額50.4万円、削減率14.0%

☑ **400名以上の[redacted]トレーニングの全貌！**
☑ **生徒たちが積極的に練習に参加したくなる“メンタル・コーチングの7つの手法”**
☑ **生徒たちの集中力を妨げる5つの要因と対策方法を徹底解説！**
☑ **失敗からすぐに立ち直る！気持ちを切り替えるアドバイスとは？**
☑ **練習嫌いな生徒でも、見る見るうちにやる気が起きる「練習メニュー」の組み立て方**
☑ **“ちょっとした工夫”で苦しい練習も乗り越えられる、その指導の秘密とは？**
☑ **生徒から反発されずに、先生の指導を受け入れる“コミュニケーション方法”**　…など

・経営に苦しんでいる[redacted]が知らず知らずのうちに陥っている6つの『間違い』
・ホームページはまだ作るな！悪徳業者にダマされないために知るべきホームページの原価
・儲かる[redacted]を作る、単純だが強力すぎる7ステップを公開・・・。まず最初は、●●分析です！
・最新機器を導入しても、1ミリの強みにもなりません。誰も真似できない強みの作り方を教えます
・一瞬で客単価アップ！患者さんに感謝されながら、[redacted]を受けてもらう非常識な方法
・リピートや口コミ紹介を誘発させる、シンプルだけどどこもやっていないツールとは？・・・等

First Strategy

〔図表３．５　FAX 返信欄〕

3. FAX返信欄

DVD２枚組のお試しは今すぐＦＡＸ[redacted]まで【２４時間受付】

私は[redacted](DVD2枚組)を90日返金保証付きで試します。

学校名(必須)		申込者氏名(必須)		
ご住所(必須)	〒			
お電話番号(必須)		メールアドレス(必須)	@	
価格	【1/28(木)迄 残り19校】通常価格9,990円 → 特別価格 7,990円(税抜) ※事務手数料 無料(送料800円が別途必要となります) ※後払いの場合は別途手数料205円、代引の場合は別途手数料432円が必要となります		ご希望の決済方法に✔を入れてください→	□代金引換 □後払い

※本教材は、部費・公費による経費計上が可能です。

お見積書・ご請求書等の発行が必要な場合は、お電話[redacted]または FAX[redacted]にてお申し付け下さい。郵送による書類送付も対応いたします。

今すぐFAX 下さい[redacted]【24 時間受付】

□ 小冊子「7つの集患ステップ」を無料で今すぐ送って下さい。(□に✔を入れて下さい)

□ 自費治療の患者を増やしたいのでアドバイスをしてもらいたい。(□に✔を入れて下さい)

歯科名(必須)		お名前(必須)	
メールアドレス(必須)	@		
電話番号(必須)		連絡希望時間帯	時ごろ希望

First Strategy

た人がターゲットでなくても、高確率でその担当者に渡してくれるのではないでしょうか。

そこで、業務文書に見える形で、このような送付状をつけるといかがでしょうか。

最初に受け取った方も、ＤＭだと認識せず必ず渡さなくてはいけない文書と感じていたるため、反応率を上げることができます。

また、図３・３にあるように印鑑を押す、または、手書きで書くのも有効です。

ONE to ONE のやりとりに見える。これがターゲットコピーのポイントです。

②ボレット

これはサービスの実績や内容などを列挙して書く、いわゆる「箇条書き」の部分です。

ボレットは、ＦＡＸＤＭでキャッチコピーの次に読まれる部分になります。箇条書きにされていることで、読まれやすくなるからです。

そのボレットですが、ただ書いてあっても何も伝わりません。

申し込み後の未来をいかにワクワクさせるかがポイントになります。

③レスポンスデバイス（ＦＡＸ返信欄）

これはつまり、「受け手が返信するための窓口」です。

ＦＡＸを手に取った人が上からここまで読み進めてくれたのなら、それはもう一押しで申込みまでしてくれる状態といっても過言ではありません。

その「もう一押し」をくれるのが、この「申込み欄で改めて、今回のサービス内容を記載する」というパーツです。

興味を持って読んでくれていても、あれこれ読んでいるうちに、何の申込み案内だったたか？どんな保証が付くんだっけ？　結局いくらなんだっけ？　と細かいところから忘れていってしまうものです。そんな状態で申込み欄まで読んでくれたときに、改めて「何」を「いくら」で「どんな条件のもと」行うサービスの申込みなのか、想起させてくれるのがこのパーツです。

魅力的なオファーを提示していた場合、ここで再度述べることで「そうだよなぁ。限定人数が決まっているわけだし、早めに申し込まなきゃ」と思っていただくことができます。

このように、１つひとつ大事な部分を魅力的にしていくことで、反応率は出せば出すほど上がってきます。

では、この部品をどのように増やしていくかですが、この作業はあなたの会社でも可能です。あなたの会社にＦＡＸＤＭが送られてきたら、パーツを見て、よい部分を蓄積するのです。

また、反応があった原稿については、「ここが良かったのではないか」という部分は部品として蓄積しておくのです。その「蓄積した部品」が、のちに大きな反応をもたらしてくれる原稿になるかもしれません。

お客様の声を取ることは大切

お客様の声を聞き続けていると、原稿は出すごとにブラッシュアップされていきます。

・キャッチコピーを作成する
・事例で響かせる
・自分たちの強みを尖らせる
・信頼性を向上させる

ということすべてにおいても、お客様の声は肝になってきます。

また、アンケートを取り、そこで次に利用していただくための特典をプレゼントすることで、お客様に２回目の利用を促すことにもつながります。

ホームページを見ても、しっかりとお客様の声が載っているページと載っていないページ、どちらを信用するかと言ったら、当然、「お客様の声が載っているページ」を信用するでしょう。

お客様アンケートを取ったことがないという方は、とにかく、5件だけでも取ることをおすすめいたします。

ＦＡＸＤＭの原稿作成においても、なるほど、ここでお客様が響いたのか！　意外だった!!ということも多々あり、そこを尖らせてみたら反応率が一気に数倍になることもあります。

まずは、ぜひアンケートを5件とってみてください。

ＦＡＸＤＭを実際に書くには／最初に「ペルソナ」を設定しよう

繰り返しになりますが、ＦＡＸＤＭを作成するときに、まっさきに考えなくてはいけないのは受け手は誰ですか？　ということです。この受け手のことを考えれば考えるほど、反応率を上げることができます。そのために行うのが、ペルソナ設定（象徴的な顧客像の設定）です。

- 業種はどこなのか？
- 地域はどこなのか？
- 従業員数はどのくらいなのか？
- 見込客の競合の動きはどうなっているのか？
- どういう悩みを持っているのか？
- どういう願望を持っているのか？

・決裁者の年齢層は？
・1日（1週間）の仕事の流れは？
・時期的な動きは？

ということをす既存のお客様にヒアリングをしたり、WEBや本、そして、ブログ、yahoo知恵袋、ツイッターなどを読み込んだりしつつ、徹底的に作り込んでいきます。それが出来上がると、その設定した見込客像に向けて営業行為を行えばよいので、文章設計がしやすくなります。

法人版ペルソナシート

ペルソナ設定をすると、間違いなく反応率は変わります。今まで、全く反応が取れなかった方はまず反応率0・1%の反応を取れるように、また、今まで、反応率0・1%程度取れていた方は3倍以上の反応率が取れるようになるでしょう。

前述した3章「◆セールスレターを書く際に大切なこと」（87ページ）でご紹介した事例ですが、成果が得られたのは、「ペルソナの設定」が明確だったからです。開業して2年目の歯医者さんだということは、「1年目に比べて、2年目だから患者さんも増えてきて、そろそろ記帳は面倒だと思ってきている。記帳を誰かに任せたいけど、お金をかけるのは負担だなと思っている。どこまで経費にできるかを知らないため、本当は落とせるお金を記帳せず、手間が軽減できる概算経費控除を利用されている」ということが想定できるわけです。そこで、このペルソナを元にコンセプトが固ま

〔図表３．６　法人集客ペルソナ設定シートの記入例〕

法人集客ペルソナ設定シート（記入事例）

行動に影響する項目（内的・外的）	詳細
会社がある地域は？	東京
業種は？	製造業
従業員数は？	８名
具体的な会社名は？（リストから一社選ぶ）	ＡＰカンパニー
ホームページアドレスは？	http://www.AAA.com
決裁者の役職は？	社長
具体的な名前と年齢（仮名）	●●社長　年齢４５歳ぐらい
決済までの流れを具体的にイメージ	社長と役員で話し合い、決める。
１日の仕事の流れを具体的にイメージ	午前中は社内雑務他、デスクワーク。 午後は、社外で打ち合わせ　夕方戻り
普段から抱える悩みは？	コストカット、人員採用、集客と売上増加策
決算期	３月
焦り度（ニーズの強さ）	常に良いものがあればと思っている。
決済可能な金額は？（決裁者即ＯＫの金額）	２０万円
社内議論すれば決済可能な金額	６０万円
会社の勢い（ビジネス成長の勢い）	毎年２０％ｱｯﾌﾟしており、順調
投資意欲は？	強い。
経費削減意欲は？具体的に何をしてる？	生命保険
会社で良く見ているサイトは？	イプロス製造業
会社で良く見ているメルマガは？	イプロス、がんばれ社長
会社で良く見ている雑誌は？	日経ものづくり
会社で良く見ている新聞は？	日経新聞
ライバル会社は？	ＢＢＢ株式会社
メールを見ている時間帯は？	朝８時
仕事上、どんな時期？	決算が終わり、スタートダッシュ。 事業計画策定。

り、このキャッチコピーが生まれたのでした。

反応率は、0・7%。

なかなかの反応率ではないでしょうか。

では、ペルソナのつくり方です。先ほど述べた記帳代行サービスであったとしたら、どんなお客様だったら、ちょっと伝えただけで「欲しい！」と言っているだろうかとイメージするのです。

今までの既存のお客様の中に「まさに！」という人がいたら、その方をペルソナ設定シート（前ページ）で掘り下げればよいのです。もし、既存のお客様の中に今回、ペルソナとするような方がいない場合も心配はいりません。やはりペルソナ設定シートを記入していけば定まってきます。

では、シートを見てください。法人集客でのペルソナ設定のポイントはホームページを具体的に見ることです。社長の実際の顔を見て、言葉などを見ていると、「この人の悩みを解消してあげたい！」という気持ちが沸き、自然と記入が進むのです。

慣れるまではちょっと大変!!　と思う人も多いと思いますが、とりあえず埋めましょう。数をこなしている間に楽にできるようになりますから。ペルソナ設定シートを1度記入していただければ、この便利さわかっていただけると思います。筆者も今までいろいろ記入してきましたがB2B分野においては日本一わかりやすいシートではないかなと思います。

そして、ペルソナ設定後、その方の悩みを解消し、感情を「動かす」文章を書こうと思ってください。今まで書いていたセールスレターとは一味も二味も違くなっていることでしょう。

お客様の動きを考える

その次に行うのが、「お客様の動きを考える」になります。

ＦＡＸＤＭを既存客に送る場合と違って、新規客に送る場合は、担当者名がありません。

ですので、

①ＦＡＸＤＭを送る

②受付の方が見る

③担当者に渡す

④担当者はそれを見て、ＦＡＸ返信をする。

というように滞りなく、ＦＡＸを渡してもらえるという前提ではないのです。

原稿を見ていると、実はここに気づいていない方が多いです。

では、どういう動きをするのか？

①ＦＡＸ機からＦＡＸＤＭが来たのを確認する。

←

②事務員さんがＦＡＸＤＭに気づき、確認する。

←

③内容をざっくり見る。（捨てるか判断）

←

④誰に渡すか判断する。（わからない場合は保留）
↓
⑤決裁者に渡す。
↓
⑥決裁者が内容をざっくり読む。
↓
⑦必要性を感じれば、じっくり読む。
↓
⑧ペンを取り、記入をする。
↓
⑨ＦＡＸ機で返送をする

ざっくり書きましたが、ＦＡＸＤＭを出して成功したときは、このようにお客様側では動いているのです。この①～⑨の動きの中で、少しずつ人数が減り、反応率になって返ってくるのです。だとしたらどうすればいいのかというと、それぞれの部分を「最適化」することで、受け手の離脱率が減るため、反応率は上がることになります。

特に離脱が多いのは事務員さんから決裁者に渡してもらう3、4の部分です。

例えば、社長宛のＦＡＸＤＭを送りたいという場合、事務員さんが社長にＦＡＸを渡してもらうための工夫にはさまざまありますが、「社長様へ渡してください」と丁寧な字で書いたとしても、事務員さんが社長に渡した方がよいと思わなければ渡してもらえません。

そこで、手書きで記述して関係性があることを「演出する」ということが有効です。

つまり、

・送付状をつけて、DMではなく、一対一の関係を「演出する」
・印鑑を押して重要性を「演出する」

などが例に挙げられます。

ほとんどの原稿の間違いは「誰に渡してほしいか書いていないこと」なのです。

それで、事務員さんは誰に渡してよいか迷うため、ゴミ箱行きとなるわけです。

また、社長にそのまま渡したら「こんなのいらん！」と言われるものも事務員さんが事前に捨てます。したがって、できるかぎり、社長に必要なものと事務員さんに思っていただけるようにそれらしく見せることが重要です。

自分が事務員だったらという立場に立ってみましょう。自分が事務員だったら？　あるいは、決裁者だったら？　と考えると、この各プロセスでの離脱が少ない原稿を書くことができます。

営業活動でも、

アプローチリスト……１０，０００件
集客数……１００件

アポイント数……20件
成約数……５件

というようにプロセス設計をします。各段階を少しずつ改善すれば、全体の成果は驚くほど変わります。ぜひ、お客様の動きの先読みを意識して、原稿作成をしてください。

セールスレターへの関心度を決める「オファー」

前述のように、セールスレターの関心度を決めるのはオファーです（詳しくは43、74ページ参照）。

例えば、ここに平凡な商品と優れた商品があったとします。そしてそれをＦＡＸＤＭで販売促進をかけようとしたとします。平凡な商品のほうにはオファーをかなり魅力的に書く、もう一方の優れた商品のほうは、単に説明文を書いただけであった場合、どちらの反応率が高いかと言えば、実はオファーを魅力的に書いたほうなのです。

つまり、そのセールスレターの質はオファーで決まると言っても過言ではありません。

魅力的なオファーが完成したら、次に述べるキャッチコピーの魅力を増加させる情報として伝えるようにしてください。

キャッチコピーの考え方

セールスレターにおいて、キャッチコピーはすべての入口になります。私たちはお店の入口の看板を見て、入店の是非を決めます。外観を見て、入りたくなってしまうこともあれば、入りにくい空気を感じ、この店に行こうと決めていたにも関わらず、やめてしまうこともあります。

それと一緒で、セールスレターを読むべきか否かを決める入口は「キャッチコピー」と言っても過言ではありません。

弊社でもよくA／Bテスト（※）を行うことを提案し、キャッチコピーを変えてみていただくことが多いのですが、たった1つキャッチコピーを変えただけで反応率は5倍違ったということが多くあります。

反応率が5倍違うということは、売上1000万円あげるFAXDMが5000万円に変わるということです。

それだけ反応率に直結するのがキャッチコピーなのです。

とは言え、魅力的なキャッチコピーをつくれといってもそれが難しいんだよという方も多いでしょう。

キャッチコピーをつくるには、クリエイティブな能力がないとむずかしい。そんなイメージがあります。キャッチコピーの書き方について書物などに書いてあるのは、

「ベネフィットに訴えかける」

「ニュースを提供する」

「好奇心をもたらせる」

当然、キャッチコピーですから、訴求力がなくてはいけません。言わんとしていることは確かにわかるのですが、いまいち「自分では作れない」と思っている人は多いのではないでしょうか？

しかし、簡単につくれる方法があるのです。

※A／Bテスト：異なる2つのパターンを用意し、どちらのほうが反応があるかを比較測定するテストのこと。

キャッチコピービフォー・アフター構築法

そのキャッチコピー作成法とは、「キャッチコピービフォー・アフター構築法」です。

「見込客は商品を欲しいわけではなく、結果を得たいのだ」ということは、見込客が「商品を得る前」と「商品を得た後」の結果についてを具体的に記せば完成をするというシンプルな方法です。

営業力強化のセミナーを例に説明します。そのセミナーでは、営業の台本を1人ひとりに合わせてつくり、さらにはロールプレイングまでして、1人前に仕上げるセミナーです。そして、そのセミナーの卒業生がどんどん成長し、一流営業マンに育っています。

アンケートを見ると、その1つに次のような成果があがっていました。

人見知りで口下手、営業経験2年あるにも関わらず、まだ1つも自力で商品を売ったことがない45歳の社員が、社長に言われセミナーに参加。そのたった3か月後にも関わらず、すでに大型受注を5件、1億円以上の売上を上げられました。

すごい成果事例です。このぐらい情報があれば、キャッチコピーは簡単に作れます。

ビフォー：営業経験2年で売上0の口下手かつ人見知りな45歳の社員が
アフター：たった3か月で大型受注を5件、売上1億円を上げた
とまとめられます。この型ができあがれば、あとは受け手が誰かを考えつつ、体裁を整えるだけです。

例えば、キャッチコピーでよく使われるテンプレートに、

「～を知りたい人は他にいませんか？」

「～をする方法」

「なぜ～なのか？」

がありますので、数字やオファーも合わせて伝えていくとよいでしょう。

【緊急セミナー】

営業経験2年で売上0の口下手かつ人見知りな45歳の社員がたった3か月で大型受注を5件、売上1億円を上げた方法を知りたい方は他にいませんか？

～2018年最新の台本営業ノウハウ大公開！　○月×日にセミナー開催（先着10名様）～

と、まとめてみました。

ここで重要なのは、お客様の声を多数集めておくことです。（97ページ参照）

お客様の声を集めるのが大変という方も多いと思いますが、アンケートを定期的に行えば、自然な形で集めることができますので、必ず行うようにしてください。

ホームページに載せるにしても、ニュースレターに入れるとしても、FAXDMで使うにしても、見込客が響くポイントは、『ビフォー・アフター』です。

なお、補足ですが、キャッチコピーにおいては、具体的な数字があると訴求力が増します。

さきほどのキャッチコピーから数字をなくして、

・売上が少ない口下手かつ人見知りな中年社員が大型受注をあげることができた方法～最新の台本営業ノウハウを大公開！　○月×日にセミナー開催～

とすると、いかがでしょうか？　なんか見た目にも、頭への入りやすさも違います。

・「数字」をできるだけ入れる。

・抽象的な言葉は具体的にする。

を意識すると、より刺さるキャッチコピーができあがってきます。

最後に大事な点をまとめます。

キャッチコピーは、セールスレターの入口です。目的は、セールスレターを読みたい気持ちにさせ、次の文章以降を読ませることです。そのためには、キャッチコピーでこれは私にとって必要なものだ！そして、読まないと損をしてしまうと思わせることが大事。自分にとって、得たい結果を得られるということを具体的に記されると、どうしても気になってしまうので、読まざるを得ないのです。

したがって、ビフォー・アフター型でキャッチコピーを書かれていると自然と読んでしまうのです。

〔図表３．７　無料オファー実証済サンプル〕

[redacted]

初年度利用

無料

[redacted]

まずは資料請求を！　以下にご記入のうえ FAXしてください。

□ 資料請求　　□ この情報は今後不要「　　　　　　　　」

[redacted]名	
ご住所	
お電話番号	
ご担当者	

[redacted]

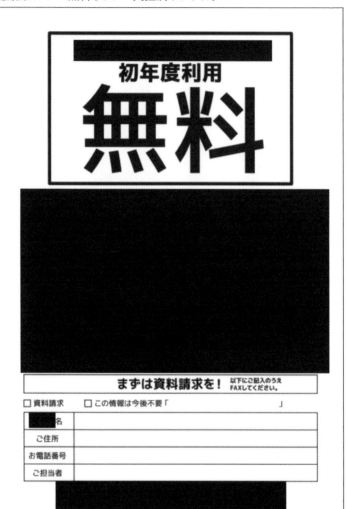

キャッチコピーの書き方はいくつもあると思いますが、まずビフォー・アフターを書き上げる。それから、様々なキャッチコピーの書き方を参考にして工夫をするとどんどん反応率を高めることができます。

キャッチコピーは大きく！

キャッチコピーを大きくすることで、「内容変えずに大きくしたら反応が大幅に上がったよ！」、「反応率1％超えをしたよ！」という声を多く頂いている「実証済」のノウハウです。オファーが魅力的な場合には特に有効です。せっかくの魅力的なオファーも伝わらなかったら意味はありません。反応が出ない場合、「オファーを見逃されてしまっている」ということなのかもしれません。

右ページが実際の原稿です。（図表3・7）

どかん！　と大きく「無料！」

受け手として感じてみていかがでしょうか？

これだけ大きく初年度無料！　と出ていると、内容を読まざるを得ないと感じるでしょう。

実は、弊社として、このキャッチコピーを大きくするパターンをいくつか試しているのですが、試した原稿は3つとも反応率が0・5％超えでした。せっかくの圧倒的なオファーなのに、なんで響かないの⁇　そんな方、1度キャッチコピーを大きくしてみるというのもいかがでしょうか。

導入文の書き方

次に導入文です。ＦＡＸＤＭの中には導入文を書かずに、メリットを列挙して、どーん　どーん　どーん　資料請求はこちらまで　というような形が多いのです。しかし、ＦＡＸを受け取った方としては、ある疑問が解消されません。そのある疑問とは、「なぜ自分にこのＦＡＸが送られてきたのか」そして、「このＦＡＸを読む価値は自分にはあるのか？」です。

この導入文で、受け手の共感を掴むことができると、非常に読みやすい文章になります。

では、受け手の共感を掴む文章をどうすれば良いのか？

Ｐ（Problem）→Ｓ（Solution）型で書くと、読みやすくなります。

最初に、問題を明確化し、その後に解決策を伝えるという流れになります。

わかりやすくするために、１つ事例を書かせていただきますね。

いつもお世話になっております。ファーストストラテジーの伊之上です。

本日は、飲食店の店長様に大切なご連絡があり、ＦＡＸにて連絡をさせて頂きました。

それは、「宴会客の集客」についてです。年末も近づき、そろそろ忘年会、そして新年会とお店が忙しくなる時期ですよね。

そこで、近隣のどこの店舗も宴会客をとろうと、あの手この手の広告に出稿し、宴会客を獲得するために競いあっています。

しかし、実は、ここに宴会の幹事を行う法人に直接、かつ確実に、たった３万円でアプローチできる方法があったら、信じていただけますでしょうか。


こんな感じです。ここでは、宴会客を集客するという課題を提示し、解決策があるよという流れになっています。この文章があるのと、

ただ、法人の宴会客集客を３万円から行います！
あなたが用意するのは、原稿だけ
今すぐ！

ぐらいしか書いていない文章と、どちらがちゃんと読みますでしょうか。

明らかに導入文がある方ですよね。

また、導入文がない文章は、読んでいて、いまいち何を述べたいＦＡＸＤＭなのだろうか？読んでいる方が道に迷ってしまうことがあります。

・なぜ私にＦＡＸをおくってきたのか。

・受け手にとって、どういう価値があるのか
を意識して、導入文を記載するようにしてください。

見込客が欲しいモノにフォーカスしよう

見込客は商品やサービスが欲しいのではなく、それからもたらされる結果が欲しいのです。

例えば、ノートとペンをコンビニで購入したとします。

それは、ノートとペンが好きだからではなく、会社でメモを取らなくてはいけないから。包丁を買うのは、包丁によって、食材を切りたいから。スマホを買うのは、インターネットを手軽にしたり、LINEで友達と連絡を取り合いたいから、でしょう。

しかし、多くのFAXDMには、これで言うと、「高機能なノートとペン買いませんか？」というような内容になっているのです。

例えば、「確定拠出年金を導入しませんか？」というような事例です。

確定拠出年金は最近の流行りのテーマですので名前はご存知の方も多いとは思いますが、内容まで把握されている方は少ないと思います。
A.『確定拠出年金を導入してみませんか？』と言われるのと、
B.『年間100万円以上の節税が自動的にできる方法を知りたくありませんか？』と言われるのと、どっちが知りたくなりますか？　ほとんどの方がBを選ぶと思います。「見込客」は「商品」

を通して「結果」が欲しいのです。節税が目的の人からしてみたら、確定拠出年金を導入しなくても年間１００万円の節税ができるのなら、確定拠出年金なんていう方法でなくてもよいかもしれません。

あなたのＦＡＸＤＭ（セールスレター）は、本当に欲しいモノにフォーカスしていますでしょうか？

ある程度の軽さとわかりやすさが重要

原稿アドバイスをしてほしいというご依頼を受けた際、その原稿をぱっと見たときに「重い」という印象を持ってしまう原稿があります。

具体的には、

・行間が一切なし
・文字でぎっしり（イラスト・写真なし）
・見出しがなし
・タイトルが回りくどく、「簡単に可能」と書いてあるのに難しく感じる

などです。

人はキャッチコピーと全体をさらっと俯瞰することから始めるため、これで、「胃もたれ」的になり、読む前に消化不良を起こしてしまいます。「サービスとしては非常によい内容で、メリットだらけの内容。しかも、見かけのイメージと違って確かに簡単！」というサービスであっても、そ

の本当のよさをライティングが逆に落としてしまうことになります。よいサービスなのに、このような一目で「重い」と感じてしまう原稿では、せっかくの内容も読まれずに捨てられてしまいます。

しかしながら、その反対に筆者は「文章主体の原稿」をお勧めすることもあります。それは、もちろん送り先やサービス内容にもよりますが、企業においてＦＡＸでは基本、業務文書が来るという前提があるためです。その〝業務文書に近い形にすることで、内容を見てもらい、決裁者の手元に届かせるため"ということが目的になっています。逆にタイトルで売り込みだとわかってしまう原稿で、本文が正に文字だらけ！　という内容だったら、読む気もなくなってしまいます。

そのため、「読みやすく、ポイントごとに見出しをつけ、どこから読み始めても自分にとって大切な情報だと気づかせられる」という書き方が目指すべきところだと言えます。

内容に工夫を

原稿の中には、残念ながら、手を抜きすぎと思われる内容のものがあります。

例えば、次のような原稿です。

「飲食店向けにお酒講座やります。

お酒とは？　どんなお酒があるの？」以上

というごく一般的な内容での原稿。そのままでは飲食店の誰もお金を払って受けたいと思いません。

もう少し企画を練り込み、
たった３つの工夫と１つのツールだけで、即日、お酒の注文を20％増やす「お酒販売講座」というように既存の知識から尖らせた形にすれば反応は見込めるでしょう。
ＦＡＸＤＭにも、そのツールの一部を見せ、それを魅力的に伝える。
お酒の売上を上げるって飲食店ではとっても大事です。このツールだけでも欲しいと思うのは筆者だけではないはずです。反応があるかどうかは、ちょっとした企画の工夫次第。上手くいっているネタを仕入れ、そのアイデアを試してみてください。半年間もがんばれば、必ずうまくいくようになります。

ガチョウと黄金の卵の話

なお、内容の工夫ということについて、イソップ物語「ガチョウと黄金の卵の話」はよい教訓になります。

ある貧しい農夫の飼っていたガチョウが、輝く黄金の卵を産んだのです。その農夫が市場に持っていくと、なんとその卵は純金だったのです。それ以降、来る日も来る日も農夫はガチョウが黄金の卵を産むのを発見し、市場に持っていきました。そのおかげで農夫は大金持ちになりました。

ところが、日が経つにつれ、欲が出てしまった農夫は、１日に１個しか取れない黄金の卵を待ちきれず、ガチョウのお腹を包丁で割き、腹の中の卵を全部一気に手に入れようとしたのです。

しかし、当然、黄金の卵はお腹の中には見つからず、黄金の卵を産むガチョウも同時に、失ってしまったのでした。皆さんはこの物語を読んだことありましたか？

ビジネス活動は当然、「お金」を得ることが大きな目標です。

しかし、お金を稼ぐために、気持ちが焦り、何をやったとしても稼げればよい！　という考えでいると、お金は一瞬は稼げるかもしれませんが、その商品（サービス）への不満が大きくなり、信用を一瞬にして失うこともあります。

例えば、「売るまでは一所懸命に接触していたのに、売ったら、一切、サポートがない」、「セールスレターでは、なんだかすごいことを言っているのに、購入してみると、そのセールスレターの100分の1以下の内容だった」など。

商売の継続は、「信頼性」で成り立ちます。商売は継続しなくては意味がありません。スティーブン・R・コヴィーの著書『7つの習慣』の中ではP（performance 成果）／ PC(performance capabilty 目標達成能力）バランスが大事と書かれています。

要するに、成果を出すには、その成果を出すための能力を磨いておかなくてはいけないということです。

このFAXで売上1，000万をあげたい！

しかし、内容は工夫したいと思わない。

では、PとPCのバランスが崩れすぎです。50万円の講座を売りたいのであれば、50万円以上の価値を受け手は必ず感じられる内容にしなくてはいけませんよね。

ただ見せかけだけ良い内容にするのではなく、価値ある企画にして、支払う金額以上の価値を提供するようにしましょう。

そうすることで、あなたの「信頼残高」が自然と増加し、次の商品（サービス）を期待していただけるようになります。

『追伸』の使い方～「追伸」を使っていないのはもったいない

『追伸』の部分、実はＦＡＸＤＭの中で2番目に読まれるということをご存知でしょうか？

多くの人は、ＦＡＸＤＭを読むとき、「さあＦＡＸＤＭを読むぞ！」と気持ちを入れて、読んでくれると思いきや、そんな期待に沿ってくれる方などまずいないと思ったほうがよいでしょう。ＦＡＸＤＭは受け取ってから2秒程度で捨てるかどうかを決められます。

ただ、ＦＡＸＤＭは見ないと捨てられない媒体。重要なものが入っているかもしれませんから、全く見ずに捨てられるということはありません。

では、そのとき、受け手は何を見ているのでしょうか。それは、

①キャッチコピー
そして、次は、
②1番下の「追伸」の部分

の順になります。

長い文章を読むとき、最初の方を読んでいる途中で、結論が気になり、最後の文を先に読むということをしたことはありませんか？　筆者は必ずと言ってよいほど、この順で読んでしまっています。

これは、人の無意識で行ってしまう習性です。セールスレターを書くものは、これを知ったら、活かさなくてはいけません。キャッチコピーで響かせ、そして追伸を見たら、こんな情報もあるのか！　とさらに気持ちを高ぶらせ、ＦＡＸ全体を読むように仕向けるわけです。

したがって、「追伸」に書く内容のポイントは、これを読んだら、申し込まないと損だ！　と思わせられる文章です。

しかし、くどい文章はＮＧです。直感的に伝わる文章で書くようにしてください。
①強いオファーをクローズアップ
②ノーリスクなので手に入れないと損
③行動した得と行動しない損
④情報の間違いなさと限定性を伝える
筆者が「追伸」を書く場合は、この４つを意識しています。

例１：
【追伸】

今回、ご用意させていただいた無料サンプルセットは、20セット。
無料ではありますが、価値はそのかぎりではなく、
数十万円の価値をご提供できると思います。
次にご提供できる機会は半年後。
この機会を逃さないようにしてください。

例2：
【追伸】
今回のセミナーですが、1人以上雇用している会社であれば、
完全ノーリスクで100万円以上の返済不要な助成金を獲得できるという内容です。ご依頼いただいてもあなたの作業負担は5分程度。
しつこい営業は一切おこないません。
参加枠は20席のみ。まずはお席の確保をお願いします。

追伸を読んでいるだけで、ちょっと参加したい気持ちになりませんか？　FAXDMの申し込み寸前に、再度読むのもこの追伸文になります。このように、読み手の背中を押して、前に進めるようにサポートする文を記載することが大切です。

最後の一押しで「反応率」が倍増する

筆者は原稿を拝見していて、よい原稿なのにもったいないなと思うことが多々あります。同じ業界の別会社からご依頼があり、ほぼ同じ内容の原稿なのに、反応率が3倍以上違う、などということもあります。

もちろん理由はいくつもありますが、たった一言の差のことも多いです。

それは「最後の一押し」が足りないのです。

では、最後の一押しとは何かですが、これは営業手法と同様で、アクションを誘導するクロージングのことです。

例えば、見ず知らずの会社からFAXDMが届いたとします。それを見た、事務員が社長の机にFAXを置きます。そこで、社長はさらっとFAXに目を通します。

「へえ。こんなサービスがあるんだなぁ。まず無料お試しもあるのかぁ」と感じてもらえたら、基本成功です。

しかし、その場ですぐに記入してくれればいいのですが、ほとんどの場合、いくら面白そうでも、いくら無料であったとしても人はなかなか反応しないものなのです。

きっとあなたもそんなことを普段、自分でもしているはずです。

例えば、「1，000円のボックスティッシュを100円のタイムセール。残り10分で締め切りますので、今すぐご購入ください」と目の前でやっていたとしても、後でここを通るからそのときでも入ろうと思いつつ、気づいたときにはキャンペーンは終了し、そのボックスティッシュが買えなかった。なんていう経験は誰でもあることでしょう。

しかし、次のような言い方をされていたらどうでしょうか。

「1，000円のボックスティッシュを100円のタイムセール。残り10分で締め切りますので、今すぐご購入ください。900円お安いので、浮いた900円でランチを豪華にすることもできますよ。あと10分で定価の1，000円に戻ります。ボックスティッシュは消耗品。必ず使うものです。今買わないと、900円損してしまうことになります。今日の18時までなら代金支払い後のお取り置きも可能です。今すぐ、お取り置きください。」

さて、「この違い」に反応率を上げるヒントが埋め込まれているのです。違いをもたらしている「違い」を感じてみてください。

人を動かす2つの理由

人は、基本的に2つの理由でしか動かないそうです。

それは、「快楽を求める」と「苦痛から逃れる」です。

・おいしいものを食べたい
・おしゃれをしたい
・遊園地で遊びたい

というのは快楽を求めるもの。

・お金に苦しみたくない。

・自由をうばわれたくない。

・損をしたくない。

というのは苦痛から逃れるものです。

では、この「快楽を求めること」と「苦痛から逃れること」どちらを感じたとき、人は動くのかというと、どちらだと思いますか？

例えば、1回勝負。コインの表が出れば、1，000万円獲得。しかし、裏が出たら300万円あなたは損をします、という提案。成功確率は50％。しかも、勝てば、負けた場合よりもはるかに好条件です。さて、あなたはどちらを選びますか？　筆者も、足がすくみ、やらないという選択をします。しかし、この勝負をやる！　と言える人は5％もいないのではないでしょうか。実は、人は得をするよりも、損をしたくないという気持ちが強いのです。それが、50％。50％の成功確率だったとしても。

さて、話を元に戻します。最後の一押しをして、次のステップに歩ませるということですが、得はしても損をしたくないという誰しもある気持ちに訴求することも重要です。

例えば、最近、話題の格安スマホを今、iPhoneを50名の営業マンに持たせている会社に提案したとしましょう。以下のようにセールスレターに書かれていたら、あなたは気持ちが動きませんか？

「お持ちのiPhoneはそのまま。格安スマホに契約を変えるだけで、毎月の通信料が1人あたり平均6，000円安くなるのをご存知ですか？　50名営業マンがいるということは、月30万円、年間ですと、360万円。5年で考えたら1，800万円という金額のコスト削減になることになります。

本当？　故障しやすくなったり、不便になるところがあるのでは？　と思われる方もいると思いますが、業務で使う分、一切不都合はありません。乗り換え作業は弊社側で全部負担し、作業させていただきます。

逆に、もしこれが本当だとしたら……、1か月乗り換えに乗り遅れると、30万円。1年で360万円損をしていることになります。5年間乗り換えしなかったらどれだけ損をしてしまうのでしょうか。

もし、年間で360万円安くなるとしたら、あなたは、他に何にお金を使いますか？

まずは、実際、いくら安くなるのか「無料査定」を受け付けております。無料査定を受けて頂いても、資料請求を頂いても弊社から無理な営業はいたしません。今すぐ、ご連絡ください。」

無料査定や資料請求をしないことが損なのだ、ということを訴えてみましたが、いかがでしょうか。

ぜひ、今回の内容を参考に、次のアクションに導くための最後の一押しをFAXDMに記入できないか考えてみてください。反応率に変化が出るかもしれません。

反応率3倍以上の効果が出る漫画ＦＡＸ

漫画ＦＡＸについて先行的にご利用いただいた方の結果について事例としてお伝えいたします。以前から反応率が高いＦＡＸＤＭのスタイルには、「業務文書型」があります。

基本、会社のＦＡＸ機から出てくるのは、発注書など業務系文書のやりとりです。絵や写真が誌面の大部分を飾っている文書が来たら、明らかに「広告」ということをアピールしているようで、すぐにゴミ箱行きとなりがちです。今でも、ぱっと見て、広告!! というような原稿はすぐ捨てられる傾向はあります。それはポスティングと一緒です。郵便受けに来ているちらしを見て、どうしても読んでしまいたくなるチラシとすぐにゴミ箱行きになるチラシがあります。

ポスティングでもＦＡＸＤＭでもまず、捨てられないスタイルで記述するのが非常に大事です。その点で、筆者としても、常に研究し続けているのはコピーライティングメソッドです。

・文章で人を動かす!

・ストーリーで人を動かす!

が強みであり、培い続けているスキルです。

基本的に、ＦＡＸは業務文書のやりとりでしか使わないのだとしたら、その通常のＦＡＸに似せていくと読んでもらえる原稿になるというのは当然の話です。以前から新聞広告に出稿するにおいても、記事風の広告にすると、新聞の通常の記事と錯覚するので、知らない間に読んでしまうということがあります。しかも、信頼性が高いものとして反応が出るという傾向があります。

〔図表3.8　漫画FAXDM原稿例〕

〔図表3．9　文章型FAXDM原稿例〕

『春季大会に向けて打撃力アップを狙う』野球部顧問様へ　限定25校のみ

年年　本塁打王　が晩年でも活躍し続けた秘密！
『ミート力を落とさず飛ばすスイングの作り方』から
『腕力を使わずに長打を打つコツ』も網羅し、
強打の名門を作り上げた打撃指導法を独占公開！

プロ独自の理論でインパクトとスイングスピードを兼ね備えた長距離バッターを育成する専門家

[redacted]

【講師[redacted]プロフィール】
[redacted]ホームランバッター。[redacted]打撃改善に取り組む。編み出した腕力を使わずに全身の力で独自の打撃法によって、[redacted]年齢別で最多本塁打の記録を残す。
[redacted]晩年での復活を支えた打撃法やマインドの作り方を伝えるため、積極的に野球指導に携わる。その打撃技術や理論はプロ野球界のみならず、少年野球の指導者からも講演依頼が舞い込むなど注目を集めている。

本塁打王　が「コレだけで必ず打球は飛ぶ」と豪語するコツを詰め込んだ打撃上達法

野球少年向け強打者育成プログラム『[redacted]監修“ホームランバッターの育て方”』　DVD3枚組
［合計収録時間：約1時間56分］

“プロ通算[redacted]”の強打者[redacted]の打撃上達法を一部ご紹介すると…

[redacted]

- ☑ プロ生活[redacted]で編み出した『どんな選手でも再現できる長打の打ち方』を徹底解説！
- ☑ 小柄な選手でも鋭い打球を打てる“身体の回転”を使ったインパクト強化のコツ
- ☑ チームのクリーンヒット率を格段に伸ばす『一流選手に共通するタイミングの取り方』
- ☑ 選手をスランプから救う指導のコツ！8割の選手がタイミングを外す原因とは？
- ☑【指導者必見】フォロースルーで自然と脇がしまる“肘の角度”とチェック法を紹介
- ☑ 空振りしづらく緩急にも対応できる『[redacted]軸足の使い方』は見逃し厳禁です！
- ☑ スイングスピードを上げる『早振りのコツ』と『ながら素振り』はぜひお試しください！

Disc1　基礎編（40分50秒）
Disc2　実践編（47分41秒）
Disc3　練習メニュー編（27分13秒）

独自の打撃理論で本塁打王も獲得した[redacted]が、小柄な選手でも“スイングスピード”と“インパクト”を強化して長打を打つ方法を実演しています。どんな選手でも飛距離を伸ばす指導法をぜひチームで実践してください。

この打撃上達法をモニターして、生徒の成長を実感した先生から、ご感想を頂きました。

『背の低い選手達でもセンターオーバーが出てくるようになりました！』 O 先生（公立中学校野球部顧問）	『飛距離だけでなく、チーム全員の打率も段々と伸びてきました。』 M 先生（私立中学校野球部顧問）	『今まで勝てなかったライバル校に秋の公式戦で打ち勝つことができました！』 T 先生（私立高校野球部顧問）	『自分の指導で生徒が上達するのが、嬉しくてたまりません。』 E 先生（公立中学校野球部顧問）

“　まで”特別価格でご案内

本教材は[redacted]まで特別セールを実施中です。今なら通常30，000円のところ、大特価9，990円にてご提供致します。“限定25セット限り”でございます。お早目にお申し込み下さい。

内容にご満足頂けなければ全額返金します

チームに導入しても効果が実感できない場合、ご購入から90日間以内であれば、無条件で全額ご返金します。先生にリスクはありませんので、ぜひお試し下さい。

お申込は今すぐＦＡＸ0　まで【２４時間受付】

私は『[redacted]“ホームランバッターの育て方”』（DVD3枚組）を90日返金保証付きで試します。

学校名（必須）			申込者氏名（必須）		
ご住所（必須）	〒				
お電話番号（必須）		メールアドレス（必須）	@		
価格	【[redacted]迄　残り25校】通常価格30,000円 → 特別価格 9,990円（税抜）※事務手数料・送料　無料　後払いの場合は別途手数料205円が必要となります			ご希望の決済方法に✔を入れてください→	□代金引換 □後払い

※本教材は、部費・公費による経費計上が可能です。

お見積書・ご請求書等の発行が必要な場合は、お電話（03-6382-4595）またはFAX（03-6382-4651）にてお申し付け下さい。郵送による書類送付も対応いたします。

⋆ご記入頂いたメールアドレスには発送のご連絡、及び野球指導法がわかる無料メールレッスンをお届けします（不要であれば簡単に配信解除可能です）。
FAX用紙トナーの無断借用をどうかお許しください。FAX不要の場合、FAX番号のみを右記にご明記の上[redacted]までご返信下さい⇒【　】
[redacted]〒[redacted] [redacted] TEL:[redacted]※頂いた個人情報を第三者に渡す事はありません【B】

それと同じ原理です。

しかし、最近、この傾向からか業務文書型ＦＡＸＤＭが非常に増えています。

その結果、業務文書型の反応は悪くはないが、ちょっと落ちてきた、そんな印象を受けていました。業務文書型のキャッチコピーも内容も似たり寄ったりのものが多くなってきているため、また同じようなのが来たということで捨てられているのだと思います。

さて、本題に戻りますが、【漫画】は業務文書ではあきらかにありませんので、「広告」となってしまい、見られる前にすぐに捨てられてしまうのではないのかと思っていました。しかし、結果は全く異なりました。

・同じ内容

・同じキャッチコピー

であったにも関わらず、漫画ＦＡＸのほうが３倍以上の結果が出たのです！

これが実際に送った漫画原稿です。

【図表３・８　漫画　ＦＡＸＤＭ原稿例】

Ａ／Ｂテストとして、同時に送った文章型の原稿と比較してみてください。

【図表３・９　文章型　ＦＡＸＤＭ原稿例】

これらのように漫画でＦＡＸを作成し、出すことを重ね、結果を知ることで、冷静にこの漫画ＦＡＸのよさを筆者も理解できるようになりました。やはり漫画ＦＡＸすごいです。

先ほど申し上げたように、最初にＦＡＸを見たときに考えるのは、捨てるか捨てないかの判断です。

この原稿を見ていただければわかると思いますが、最初に目に入るのは漫画。ちょっと読みたくなってしまいませんか？

私たちは、小さい頃から漫画に慣れ親しんだ世代です。私は、小さいとき、学校の教科書で日本の歴史を学んでも頭に入らなかったのですが、漫画「日本の歴史」は楽しく読むことができ、そのおかげで受験を乗り越える経験をしたことがあります。

文章が敷き詰めてあると、読むのを後回しにしようと思う人もいるかもしれませんが、1ページほどの漫画であれば、「なんか面白いかも」とすぐに読んでみたいもの。

これが漫画ＦＡＸで反応が通常の3倍も出たポイントになります。

そして、このぐらいのコマ数なら全部読んじゃいませんか？　わかってしまいました。これが漫画ＦＡＸで反応が通常の3倍も出たというポイントです。その漫画の部分で心をわしづかみにしてしまえば、反応が出るのは当然です。

手書き文字で反応率アップ

誰に渡したいかを「手書き」で書き、私信に見えるようにすることで、反応率が大きく上がります。

「手書き文字」をＦＡＸＤＭ原稿内に入れたことで、その反応率が2・16％になった事例があります。

実際の原稿のBefore、Afterはこれです。

【図表３・10　Before】

こちらの送付状型ＦＡＸで反応率は０・２％ということでした。そこで、手書き文字を挿入し、王道の文章系鉄板型に変更したところ……【図表３・11　After】

【配信先】岡山県医療・福祉関連

こちらの原稿では反応率はなんと！　２・16％になりました。

左上に誰に渡したいかを手書きで書き、私信に見えるようにすることで着眼率があがったという事例です。

この原稿はキャッチコピーにも助成金とただ書くだけでなく、厚生労働省から支給される助成金と正確に記すことで、信頼性をアピールしております。また、返済不要などリスクがないことやメリットもキャッチコピーの段階で伝えることで、ベネフィットを高めています。

もちろん、この原稿は、更に、キャッチコピーも厚生労働省からと敢えて公共性をアピールし、返済不要などリスクないことやメリットをキャッチコピーに入れこんであります。

文章も読みやすく、導入文をしっかり書き、問題点↓解決↓「メリット＋追伸」と読みやすくなったのが反応率アップの成功要因と分析していますので、手書きだけが成功要因とは言えませんが、

手書きで書いてあることで、「私信」に見えるというのは重要な要素だと思いませんか？

〔図表３．１０　Before〕

ＦＡＸのご案内

（送信元）[redacted]

＿＿＿＿＿＿＿＿＿＿御中

社会保険労務士[redacted]

件名	助成金活用版！効果的な「就業規則整備」「正職員確保・育成」の方法

最近は「使える助成金が少なくなった。」と言われていますが、医療・福祉・健康（スポーツ施設を含む）運輸・情報通信分野では、まだまだ活用できる助成金はあります。　例えば・・・・。

＜おすすめ助成金①＞

就業規則の整備に対して助成金が活用できることをご存知ですか？

職員の成長と定着を促す制度を盛り込んだ就業規則を整備すると最高１００万円の助成金が受給できます（もちろん返済する必要はありません）。ポイントは「評価・処遇制度」「研修体系制度」「健康づくり制度」です。制度名自体は仰々しいですが、決してハードルが高い助成金ではありません。

せっかく助成金を活用しつつ就業規則を整備するのであれば、職員の成長と定着を促すような内容を盛り込むことも当然ですが、同時に同じくらい大事な、あらゆるトラブルにも対応できるような内容も盛り込んだ就業規則を整備しましょう。

＜おすすめ助成金②＞

正職員の確保と育成に対して助成金が活用できることをご存知ですか？

契約期間の定めのある職員（以下「契約職員」という）などに対して、キャリアアップを図る訓練（社内講師だけでもOK）を実施したり、正職員転換制度を作って正職員にしたりすると１人につき約１００万円超の助成金の受給が可能です。さらに、複数人に実施することで、なんと１年間で約1,000万円超の助成金の受給も可能です（こちらも、もちろん返済する必要はありません）。

新たに雇い入れを行う場合でも大丈夫です。「契約職員の募集だと応募が来ない」と、あきらめないでください。その問題を解決するためのちょっとしたコツがあります。

以上、是非これらのおすすめ助成金にトライしてみてください。特におすすめ助成金①の方は[redacted]以降は要件・金額とも不利になる予定なので、手続き期限としてギリギリですが、まだ大丈夫です。ぜひ現制度でトライしましょう。まずは無料電話相談で助成金受給の可能性を簡易診断させてください。お申込みは以下のFAXかE-mailでお願いします。

・ＦＡＸ：０[redacted]
・E-mail：[redacted]

御社名			
電話番号		担当者様	

突然のご案内失礼いたしました。今後もお役に立てるように情報提供できたらと思いますが、今後案内が不要な場合は、大変お手数ですが、このままFAXにてご返信いただくか、E-mailにてその旨ご連絡ください。
□今後このようなFAXの送信を希望しない。（☑チェックをつけてください。）

※顧問の社労士先生がいらっしゃる場合、上記の内容については当該先生にご相談ください。

〔図表3．１１　After〕

※経営者様に重要なお知らせです。
必ず経営者様にお渡しください。

[redacted]
社会保険労務士[redacted]
Mail:[redacted]
http://[redacted]

厚生労働省から支給される助成金（返済不要）の小冊子 無料配布の件

いつもお世話になっております。本日は経営者の皆様に大切なお知らせがあります。

それは「助成金」についてです。助成金とは一定要件を満たすと厚労省から支給される返済不要の支援金のことです。

新規雇用をしたり、社員教育を実施したり、職場環境を整備したりすると助成金がもらえるケースがあります。


このように受給範囲は広いのですが、残念なことに、助成金に関する情報はあまり知られていません。

その結果、本当は助成金がもらえる状況にも関わらず、“もらい損ねている会社”が多いのが実情です。

そして、あなたが詳しく調べない限り、今後も助成金をもらえることはないでしょう。


申し遅れました。[redacted]の代表社会保険労務士[redacted]と申します。

[redacted]を中心に、個人・法人事業主のために数多くの助成金獲得のお手伝いをしてきました。

実をいうと、**現在は助成金を獲得しやすい絶好の時期**です。


そこで今回、助成金を分かりやすく解説した小冊子を無料配布することにいたしました。

この小冊子をあなたが手に入れるメリットは以下の通りです。
#1　会社が“もらいやすく金額の多い助成金”を複数説明してあるので分かりやすい
#2　助成金の受給要件が一目瞭然で御社が実際に助成金をもらえるかどうかが分かる
#3　求人方法を変えて助成金635万円、社員研修で助成金480万円など事例満載
#4　付属の「助成金診断シート」を返信すれば、助成金がもらえるか無料診断してもらえる
#5　ご希望の方は労務相談・就業規則アドバイスなどが無料で受けられる（初回限り）

助成金獲得
完全ガイド

【先着30社限定】

A4版30ページ
完全非売品

この小冊子を手に入れるのは簡単です。

このFAXに記入して返信頂くだけで結構です。先着30社様に無料送付いたします。まずは小冊子をご覧頂き、御社の場合はいくら受給できるのかチェックしてみて下さい。付属の「助成金診断シート」をご返信いただけば、完全無料で事前診断もいたします。なお、こちらからしつこい営業などは致しませんのでご安心下さい。

【追伸1】--
今回の小冊子は**先着30社**限定配布です。完全無料です。あなたにリスクはありません。このFAXは[redacted]の企業様3,000 件に送信していますので、気になる方は今すぐFAX返信して下さい。なお、次に該当する場合は特に助成金の受給見込みが高い会社になります。今すぐお問い合わせ下さい。①直近1年で雇用している。②社員教育を実施している。③育児・介護をしている従業員がいる。④パート・契約社員を正規雇用したことがある。
【追伸2】--
私どもでは面倒で複雑な助成金申請を**完全成功報酬制**で代行しております。初期費用ナシ、助成金が受給できた時だけその一部をお支払い頂くシステムです。面倒な書類作成、申請手続きや役所の対応は全て私どもが行います。
【追伸3】--
今回お問い合わせ頂いた方には初回限定60分の無料コンサル（通常1万円）チケットを送付します。助成金相談・社会保険料削減・労務相談などを無料で行います。何かあった時のためにチケットだけでも手に入れておいてください。

□ 無料小冊子希望（先着30社）□ 無料相談チケット希望　□ 今後FAX不要　**FAX:0**[redacted]

御社名		担当者名	
電話番号		E-mail	

私どもは国家資格の社会保険労務士免許を持つ助成金申請の専門家集団です。助成金申請にはリスクもデメリットもありません。あるのは助成金獲得後の「利益」だけです。とりあえず、と考えて今すぐFAX返信下さい。

なお、顧問の社労士先生がいらっしゃる場合、助成金については当該先生にご相談ください。

〔図表3．12　手書き文字を入れることでの反応率アップ〕

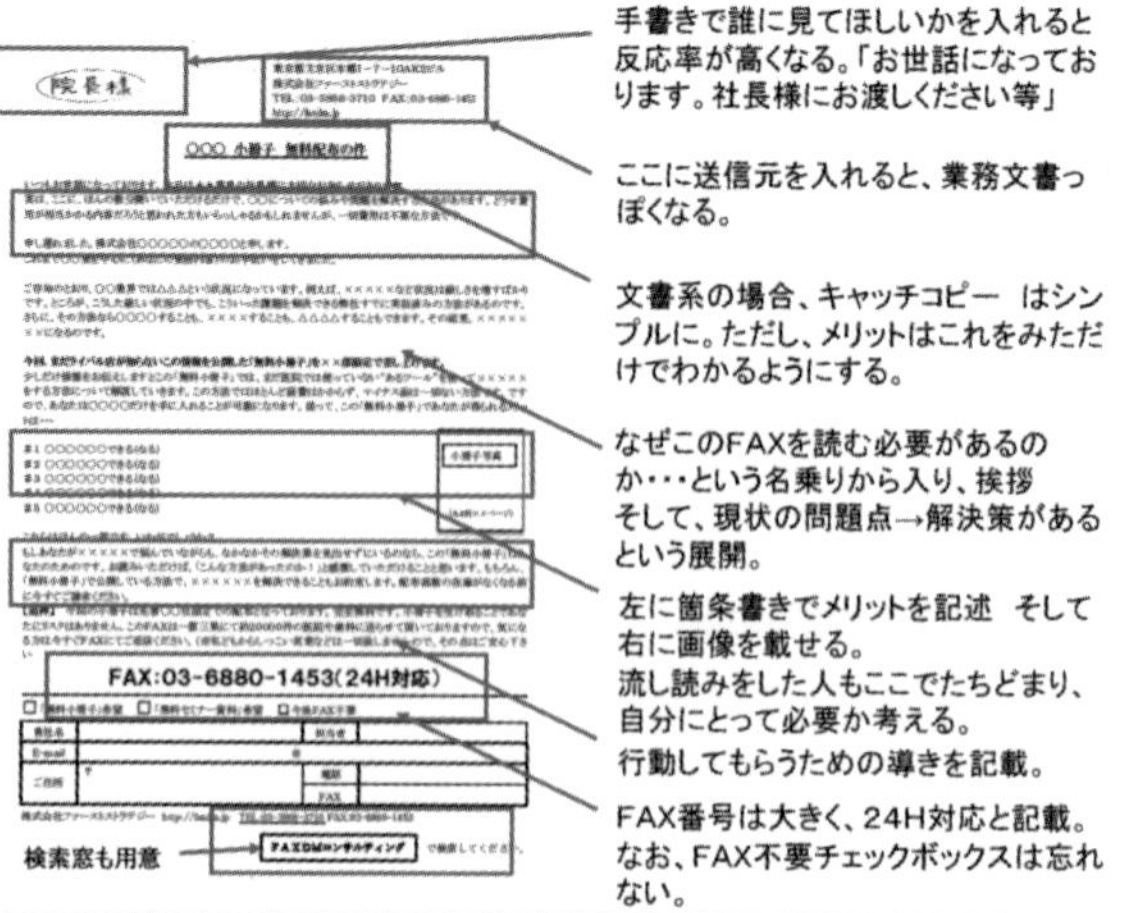
院長様
○○○ 小冊子 無料配布の件
FAX:03-6880-1453(24H対応)

検索窓も用意
手書きで誰に見てほしいかを入れると反応率が高くなる。「お世話になっております。社長様にお渡しください等」

ここに送信元を入れると、業務文書っぽくなる。

文書系の場合、キャッチコピー　はシンプルに。ただし、メリットはこれをみただけでわかるようにする。

なぜこのFAXを読む必要があるのか・・・という名乗りから入り、挨拶そして、現状の問題点→解決策があるという展開。

左に箇条書きでメリットを記述　そして右に画像を載せる。

流し読みをした人もここでたちどまり、自分にとって必要か考える。

行動してもらうための導きを記載。

FAX番号は大きく、24H対応と記載。なお、FAX不要チェックボックスは忘れない。


例えば、会社宛に来た年賀状を思い出していただきたいのですが、印字かつ定型文書で書いてあるものはぱらぱらと見て、手書きで書いてあるものを見つけては目を止めるということをしたことがあるのは私だけではないはずです。

人は手書きに目を止めるのです。

他にも図表3・12のような、手書き文字を入れることでの反応率アップのご提案をしております。

これは、弊社の原稿作成資料からの抜粋ですが、医院向けであれば、院長様と手書きの内容を変えると、やはり院長先生にとっても、私信に見えることでしょう。

相手の業種や送る内容に合わせて手書き文字を原稿上部に入れることで反応があがるのです。

しかしこの手書き文字、つくるのに意外と手間がかかります。そこそこ、文字の上手である必要

〔図表３．１３　無料でダウンロードできる素材〕

がありますし、紙に手書き文字を書いて、スキャンして画像化して……しかもネットで検索しても、意外と素材がありません。そこで弊社の字が上手なスタッフが作成しました（笑）。ファイルをダウンロードしていただくと、図表３・13のような素材が無料でダウンロードできます。

ＦＡＸＤＭ　手書き画像　で検索していただければ、弊社のサイトからダウンロードが可能です。

ぜひ、お使いください。

成果がでるＦＡＸＤＭの書き方をお読みいただきましたが、いかがでしたでしょうか。

こんなちょっとした工夫だけで、こんなに反応率が違うの？　と驚いた事例もあったかもしれません。

正直、私でもＦＡＸＤＭを出して反応率が思うほど出なかったということもあります。

そんなとき、その反応率を見て必ず振り返りを行います。

その方法は「ＦＡＸ原稿の印刷」と「音読」です。

ＦＡＸ原稿は、ＰＣでつくりますので、そこで画像を見てＯＫと思い、ＦＡＸ送信してしまうという人が多いのです。

そうしてしまうと、紙で見たときの微妙な「ズレ」に気づくことができず、字がものすごく小さかったり、画像がしっかり映らず、黒くなってしまうこともあります。

ですので、ＦＡＸ原稿を作成したら、必ず印刷することが重要なのです。

そして、受付の人間としてＦＡＸを見て、決裁者にスムーズに渡したくなるか。

さらには、決裁者として見て、すぐにＦＡＸに鉛筆で記入し、ＦＡＸ返信したくなるかを感じてみることが必要です。

また、良い原稿になっているかどうかを確認する方法として重要なのが、音読です。上から音読で読んでいるうちに、頭がスムーズに入ってこないというように、音のリズムに気づくことができるのです。

こうすると、必ずと言って良いほど、どこかに反応率を止めてしまう理由が見つかるものです。

ＦＡＸＤＭで反応が出なかったときの原因追及としても、この方法は有効ですが、当然ながらＦＡＸＤＭを出す前の最終チェックとしてもこの２つの要素は必ず確認するようにしてください。

第4章

FAXDMの効果をさらに倍にするためには、フォローの仕組みを取り入れよ

1　顕在顧客は全体の5％しかいない

顕在顧客は全体の5％

顕在顧客は全体の5％と言われています。その他15％が潜在顧客で、残り80％は買わないお客様です。つまり、今購入してくださるお客様ばかりを追っていてはもったいないわけです。よくありがちなケースですが、15％が潜在顧客にもかかわらず、今購入しないからと言って、その後は全然フォローしないことが往々にしてあります。あなたの会社ではどうでしょうか？

継続的にプッシュし続ければ間違いなく購入していただけるお客様になる可能性があるのです。ですから、例えばメールマガジンや、たまにＦＡＸを送ったり、あるいはニュースレターを送ったりするなど、フォローをし続けることが大事です。

売上が安定しない原因とは

新規客をひたすら集客しつづけるのは大変です。新規客をひたすら追いかけ、既存客のお客様へフォローがほとんどできていないと、売上が安定しません。

マーケティング活動は、

①集客

②販売
③フォロー

の３つのフェーズをバランスよく意識することで事業が成り立ちます。

弊社もかつては、このうちの「集客」と「販売」のみを行っていました。

しかし、この体制を貫き、もし仮に新規客が取れなくなったらどうでしょうか。ＦＡＸＤＭで売上を上げられたお客様はまた、再度ご利用いただけますが、失敗した場合、使っていただけない可能性が高いでしょう。何もフォローしなければ成果が出なかったなんてことも当然増加します。ですので、新規客が来なくなったら、既存のお客様は知らない間にいなくなってしまっているということが当然起きてきます。

今は、メールという手段があります。メールマガジンは何通に同時に送っても、固定費のみで無料です。筆者の会社においても、メルマガを毎週1回送るようにしただけで、売上は30％以上もアップしました。すごい数字ですよね。

文章を書き続けるのは大変です。しかし、書かないことで、30％の売上が戻ってくるとしたら、やらないわけにはいかないですよね。

2回目の利用を促す意味

皆さんはＬＴＶというマーケティング用語をご存知でしょうか？　ライフタイムバリュー（生涯

〔図表４．１　無料でダウンロードできる素材〕

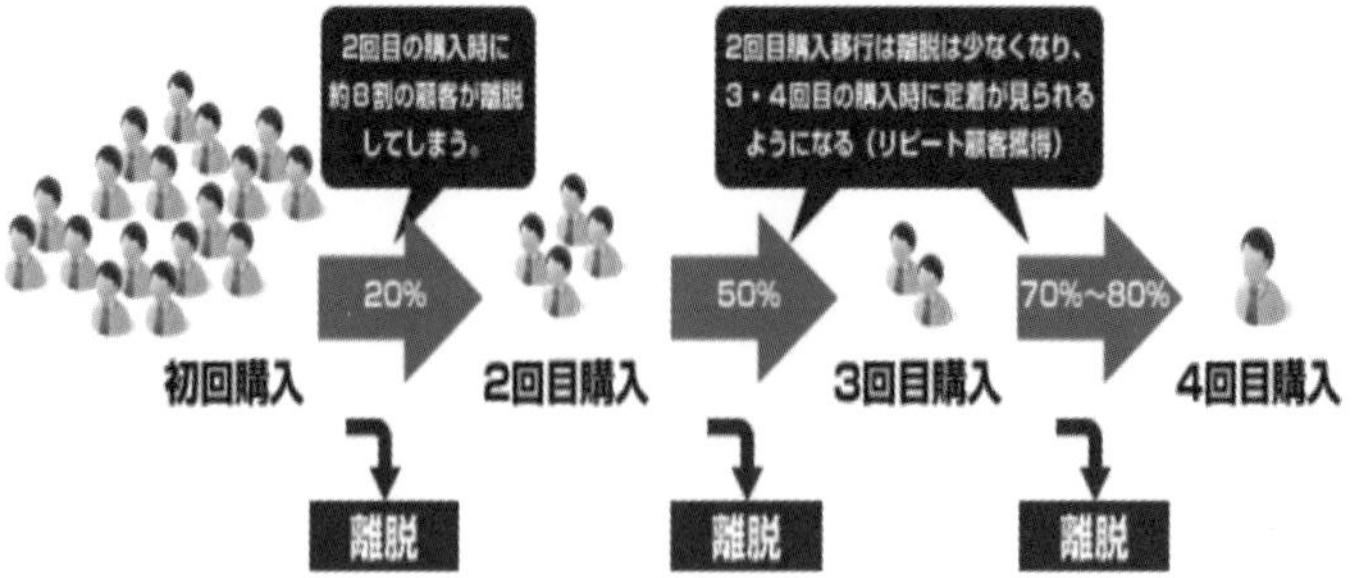

顧客価値）の略語です。１人の顧客がどれだけの金額を一生涯に残してくれるか、これが、事業の成功のカギだということで、特に、サプリメントや化粧品という通販業界でよく使われる言葉です。

サプリメントや化粧品は、広告費が膨大ですので、リピートして使っていただけないと、利益が出ません。

ただ、リピートを考えた仕組みをつくっておかないと、顧客は、自然と流出してしまうのです。

次のようなデータがあります。

図表４・１をご覧ください。

初回購入をしたお客様のうち、２回目にも購入していただける方はどのくらいいると思いますか？　答えは、20％ほどだそうです。この数字を聞いて驚きませんか？

要するに、たった１回のご利用だけで80％の顧客が自然に離脱してしまうそうです。しかし、２回目も購入した方は、３回目も50％以上も離脱せずに残り、４回以上ご利用の方は、70～80％は継続的に利用してくれるというデータが出ているのです。

したがって、1番離脱率が高まる1回目の利用の後に、どれだけ手厚いフォローを行い、２回目の利用を促すかがポイントなのです。

あなたは初回購入後に、２回目の利用を促す施策を取っていますか？

ここで手の内を見せるようですが、弊社ではアンケート調査を行い、クーポンを提供したり、その結果を分析したり、電話でフォローしたりしていることの主な目的として、この2回目の利用を促すことです。アンケートも電話フォローもお客様の売上を上げていただくためということが第一の目的なのです。

弊社としては、いち早く、ＦＡＸＤＭで成果を得て頂いたら2度目の利用を促すことができるわけですが、当然、初回で結果を出せない方もいるわけで、クーポンをご利用いただき、再度チャレンジしてもらって、結果を出していただくことがポイントです。

したがって、どのようにしたら、皆さんの会社の商品が再度購入したくなるだろうか？　ということを考え、弊社の事例を参考に仕組みに入れられないか考えてみてください。

仮に、１００社のお客様がいて、何のフォローもせず、20％の方が再度ご利用頂いた場合と仕組みとして再購入プロセスを取り入れて、30％に変わったら、あなたの会社の利益はどのくらい増えますか？

ぜひ、チャレンジしてみてください。

既存の顧客への再アプローチも大事

ＦＡＸＤＭは営業コミュニケーションと同じということを前述させていただいておりますが、お客様との「関係性」について「意識して営業活動」をするだけで、「よい結果」をもたらすことができることは営業経験がある方なら身に覚えがあると思います。

例えば、あなたが会社に勤務する営業マンで「すぐに結果を出したい」と思ったらどういう手段をとりますか？　筆者であれば、既存のお客様のリストを手元に置き、そこに対してのみテレアポをします。一度でも購入したことがあるお客様は、あなたの会社からの電話だと思えば、話を聞こうという「耳」ができています。

また、一度購入したことがあるということは、もともと「強いニーズ」があり、あなたの会社を「信用して、購入する」という大きな壁を乗り越えていただいていることになりますので、同じ商品を再度おすすめするにも、類似商品を薦めるにおいても、まだ、あなたの会社と関係性ができていない会社へ連絡して営業活動するのとは、まったく違う結果になることでしょう。

さて、これは、ＦＡＸＤＭでも当然一緒です。既存のお客様にＦＡＸをする場合、新規に送るお客様と反応率は、最低でも5倍　最高では20倍程度反応率が違うという結果が出ています。

したがって、新規客を追い求める前に、既存のお客様を掘り起こそうという考えは非常に重要です。既存客のフォローは忘れないようにしてください。そして、新規開拓です。新規開拓しようとしているのですからもちろん、これまでにお付き合いはありませんので知らない人〝まったくの他人〝ということになります。前述したとおり、海外の有名なマーケッターであるマクスウェル・サックハイムがDMを書くときの鉄則を説明しているのですが、関係性がゼロの〝知らない人〟からサービスをすすめられたとしても、３つの壁（18ページ参照）が心理的に働くということです。

まずはこの３つの壁を切り崩すことができないと最後まで読めばよい内容が書いてあるのだけれど……。使ってもらえればよさがわかるのに……。という悔しさを抱えて悶々とする日々を送ることになります。（この壁を崩す方法については第1章をご参照ください）

2　ステップFAXは効果絶大

ダン・ケネディ最大の発見

あなたは「ダン・ケネディ」という方をご存知ですか？　アメリカのダイレクトレスポンスマーケティング界の第一人者と言われる人ですが、そんなダン・ケネディの最大の発見という「3ステップ・レター」とはどんなノウハウなのかをお伝えします。

もともとこれはダンのもとに送られてきた督促状がヒントになったそうです。

1通目、「支払いの期限が過ぎていますが、お支払いをお忘れではないですか？」

2通目、「先日、お支払いの通知をお送りしましたが、まだお支払いを確認できていません。早急にお支払いください。」

3通目、最後通告のゴム印を押し、「期限内に支払いを確認できなければ、法的措置をとります。」という3ステップで手紙が送られてきていて、このパターンが1番代金が回収できていると知ったのです。

これを、参考にセールスレターをステップ型にしたら……と考え、「最大の発見」とされる3ステップ・レターが完成したのです。

1回目にメッセージを見ても、人はどうしようかなぁと思いつつ、すぐに反応できない方ばかり。そして忘れてしまうのです。

複数回出すと、「忘れてた！　申し込まなきゃ！」となるわけで、忘却を防げるわけです。

あなたも、「あのキャンペーンまだ大丈夫かな？」と思い出して、確認したことがあるのではないでしょうか？

同じ配信先に3度送ってみたらどうなるか？

例えば、イメージしていただきたいのですが、あなたのもとにある興味深いセミナーの案内が来ました。実際に、メールマガジンやＦＡＸＤＭで案内が来ます。そのチラシを見て、あなたはどのように反応していますか？

「いつもすぐに反応する！」

という方も稀にいるとは思います。

しかし、「よく考えてから、落ち着いたときに連絡してみよう」そう思いつつチラシをなくしてしまったことはありませんか？　実は、いつもすぐに反応してくれる人は稀なのです。この事実、ＦＡＸやＤＭを出している人のうち、ほとんどの人が忘れています。

では、ＦＡＸＤＭを送っても、すぐに反応してくれる人は一部だということであれば、どうすればよいでしょうか？

「同じ配信先」に2度、3度とあらかじめ決めたステップでＦＡＸＤＭを送るのです。

ある事例ですが、セミナー集客で10名を集めたいということで、ＦＡＸＤＭを配信したいというご依頼でした。配信先数は約３０００件。それ以上のリストはなく、このリスト数で10名を集めなくてはいけません。当然ながら、キャッチコピーや内容も十分に練りました。しかし、反応率０・5％をあげるというのはなかなかに難しいものです。そこで弊社が提案させていただいたのが、【あらかじめ期日を決めてストーリーを持った原稿を3回送りましょう】という手法でした。

全く同じ内容でも悪くないとは思いますが、タイミングによる受け手の心情を察しつつ少々その変化を原稿に取り入れます。ですので、2回目、3回目のＦＡＸには変化を持たせてセミナー参加者にセミナーがあることを思い出していただきつつ、また状況をお伝えし、人数制限や締切までの日数を伝わるように工夫しました。

実際には次のような変更点を加えていただき送りました。

1回目：セミナー案内のＦＡＸＤＭを送る。

2回目：定員数の部分に手書きの二重線で訂正し「残席●席」と書いて送る。

3回目：2回目の原稿に手書きで「残席わずか、明日で申し込みを締め切ります！」と書いて送る。

送るタイミングは、セミナー開催日1か月前に1回目、2週間前に2回目、締切前日に3回目としました。

1か月前にスケジュールの空いているうちに告知し、2週間前にスケジュールが確定しそうな頃の予定をおさえ、締切前日に申込を忘れていたことを思い出してもらうという、理由もあります。

さて、気になる結果ですが、
1回目のFAXで申し込みが2件
2回目で6件、3回目で3件と、合計11件の申込みを取ることができました。

結果を見ると、1回目が1番少なく、やはり、FAXを見てすぐに反応する人が少ないということが伺えるかと思います。

1回しか配信していなかったら、2回目3回目の申し込みを取ることも出来なかったですし、2週間前に1回送っただけでは、初見の方々の心を開かせることができずに6件ほどの反応も出なかったと思います。

紹介させていただいた事例のように、計画的にFAXDMを活用することによって潜在的な見込客を発掘することができます。なお、締切間近に2度めのFAXを送るだけでも全く効果が変わってきます。

3　送信先から反応があったら、すぐにやるべきこと

受付通知を送る

ＦＡＸＤＭは9割の人がＦＡＸで返信をしてくるということはすでにＦＡＸＤＭを送信したことがある方には想像に難くないことだと思います。

しかし、ＦＡＸ返信をした後、どう対応するかが重要であることをご存じの方はそれほど多くありません。実は、その対応いかんで、その後のアポイントや成約へのつながり方が変わってきます。

なぜならば、見込客はＦＡＸを返信してくれたときが1番気持ちが盛り上がるからです。ＦＡＸＤＭを読み、ペンを持ち、「個人情報を記入する」のはかなりストレスがかかるのです。そのストレスをも乗り越えて、ＦＡＸ返信をした。その瞬間が1番、気持ちが盛り上がっているタイミングなのです。

しかし、ＦＡＸの出し手としてはその気持ちも知らず、

・セミナーの席が確保できたという連絡もなかなかせず……

・資料は1週間後にようやく届く

・限定数の購入なのに、その限定数を購入できたのかお伝えしない

なんてことが多くの会社で発生しているようです。

〔図表４．２　受付通知の例〕

「○○○○○○○○小冊子」
お申込み受付のお知らせ

株式会社●●●●の××と申します。
このたびは、「○○○○○○○○小冊子」のご案内にご返信をいただき、
誠にありがとうございます。

「○○○○○○○○小冊子」は本日より５営業日程で貴事務所宛にお届けさせて頂きますので、
到着しましたら、ぜひすぐに開封してご一読いただけたらと思います。

この小冊子は××××××××××　にお役立ちできると思います。

この小冊子は、××で悩む方に向けて○○を解決できるノウハウがふんだんに盛り込まれています。

１．
２．
３．
４．
５．
お読みいただけたらすぐに使えるノウハウですので、ぜひ到着までしばらくお待ちください。
ぜひ、到着までもうしばらくお待ちいただけたらと思います。

株式会社●●●●
ご担当者名
電話番号
住所
ＦＡＸ番号
メールアドレス

そうなると、見込客はせっかく気持ちが盛り上がっていたのに、その気持ちが徐々に落ちていき、資料が届いたときには、「あれ？　こんな資料頼んだっけ？」となることも……。そして、当日キャンセルやら参加しても気持ちが盛り上がっていないやら……。よく見る光景です。

フォローアップは返信が来てから考えるでは遅すぎるということをわかっていただけたでしょうか？

では、どうすればいいのでしょうか？

返信があったら基本、その日のうちに「受付通知」を送るのがよいのです。例えば、図表４・２のように。

この「受付通知」をＦＡＸで送ることで、見込客は、正規に申込受付がされたという「安心感」を得ることができます。また、それだけでなく、受付通知が来たことで、「信頼できる会社」だと感じていただくことができます。しかも受付通知の中で、再度、ＦＡＸＤＭの内容の「魅力ポイン

トを伝える」ことができますので、期待を再度高めることができます。

1度伝えられても、忘れますが、2度聞いたことはかなり頭に残るものです。そして、電話や郵送資料、メールなどで自然な接触回数が増えれば、実際に営業マンがお会いする前に信頼関係がかなり築けていることになります。これ、ザイアンスの法則と言って、単純に、繰り返し接触することによって好意度は高まるという法則がありますが、そのとおりで、好感度がアップするはずです。

このように、ほんのちょっとの工夫をしただけで、見込客の気持ちはかなり違いが出ます。サービスに対し、関心が高い状況を継続させ続けることができれば、アポイント率やセミナー参加率は当然上がり、お会いしたときもすでに関係がホットな状態になるわけです。

4　組み合わせで効果を上げる　～ＦＡＸＤＭ＆テレアポで反応率を劇的にアップ～

ＦＡＸ送信後にテレアポを行う

「ＦＡＸＤＭ送信後に追いかけ電話をすること」についてお話したいと思います。

最近、お客様で、ＦＡＸＤＭ後に電話をしている方が多くなってきました。

その理由は、当然ながら「ＦＡＸＤＭ送信後に電話を掛けるとアポに繋がりやすい」からです。

ＦＡＸＤＭを行うとき、組み合わせるとよい手法はいくつかありますが、非常に相性がよいのはテレアポになります。

ＦＡＸＤＭを送信した後にテレアポを行うことで、受け手である相手と同じ原稿を見ながらお話できるので、伝えたいメッセージを適切に伝えることができるのです。

トークとしては、「ＦＡＸを送らせて頂いたのですが、届いておりますでしょうか？」という定番の内容でよいと思います。

これをすると、まだＦＡＸを受け取ってもいなかった場合はＦＡＸ機に見に行っていただけますし、見ていて、そのＦＡＸに対して何かしらアクションとろうかどうか迷っていた方には、背中を押すことができるので自ずと反応率は上がってきます。

ただ、実は大事なのはそれだけではないのです。

例えば、ＦＡＸＤＭを1万件送信したとしたら、１００件だけでも電話をします。そこで、いろいろヒアリングをします。

「このサービスに興味はありますか？」

「どこがこのオファーに対して反応できないところなのでしょうか？」

「逆に響いたところはどこか。さらなる改善点はありませんか？」

ということをきっちり聞くのです。

これをすると、ＦＡＸＤＭ原稿で漏れがあった部分や改善点が見えてくるのです。

要するに、ＦＡＸＤＭでこういう形にしてくれていたら反応したという点が見えてくるのです。

このように、ＦＡＸＤＭは非常に効率のよい営業マンです。

通常、１時間以内に３万件もの会社に営業に行ってくれます。

しかし､その営業トークが切れているトークでなければ､要するに新入社員レベルのトークであったとしたら、反応率はやはり見込めません。これを勘違いし、ＦＡＸＤＭは反応が出ないという方がいらっしゃいますが、おわかりいただけますでしょうか。ＦＡＸＤＭで効果がないものは、他の媒体でも効果が出ないのです。

ＦＡＸを出してそのままにするよりも、そして、電話をひたすらかけるよりも、効果があるのはイメージしていただけると思います。全件電話しなくても、一部に電話するだけでも、かなりアポが決まりやすいです。

5　メールマガジンで売り込まずにフォロー
～フォローのメールマガジンを送り続けて売上30％UP～

メルマガ配信

弊社では週１ペースでメルマガを配信しています。

このメルマガが弊社としての既存のお客様フォロー企画第一弾になります。

メルマガの世の中の常識では、自社商品を売り込むためのモノとなってしまっているようで、開封されるのが珍しいということですが、弊社はめったに売り込みません。そして、かなり濃いノウハウを無料で提供しています。

B2Bマーケティングにおいてこれだけ濃いノウハウは有料ノウハウでもなかなかないと思います。

では、弊社の狙いは？　と言ったら、ただ1つです。「何度かFAXを配信したけど、上手くいかなかった」という方に気づきを提供し、こうすればうまくFAX使えるかもと再度思っていただくためです。

では、実際、2016年8月よりメルマガを配信してどうなったかと言うと、弊社の毎月の売上がどの月も昨年比30％以上増という状況です。

メルマガ効果絶大です。

逆に言えば、メルマガを行っていない時期にはそれだけ既存のお客様を失っていたということになります。

メルマガを書くのは大変という方もいると思いますが、まずはとりあえずではじめることをオススメします。

書き続けていくうちに、上手くなってきます。

第5章

さらに売上を伸ばす FAXDM＆WEB 連動方法

1　集客・育成・成約・フォローの4ステップで考える

既存客獲得の4ステップ

既存客を獲得するには、集客・育成・成約・フォローの4ステップで考えることが大切です。

1つのモデルとしては、まず無料オファー＝特典で悩みへの解決に興味がある「見込み客」を集める。その後に、それをどのように成約させるかが大事です。

そのためには、連絡してすぐに訪問、あるいは、訪問にならなかった見込顧客に対しては、基本はメールマガジンでフォロー。さらに可能であれば月1回のペースで電話の確認などもよいでしょう。自社のサービスの利用や物品の購入後の「お客様の声」情報を提供するのもよいですね。購入への一押しになります。また、それでもすぐに購入しない場合でも、見込顧客の悩みを解決するようなネタをメールマガジンやＦＡＸレターで送っていれば、見込顧客の段階から新規客の段階に向けて育成するという側面があります。また、成約して新規客になった後も、1度買った人というのは2度、3度購入してくれる既存顧客になってきます。

例えば、治療院や歯科医院は、1度行ってよかったらその後も継続することが多いのと同じです。そのようにして既存顧客を増やしていくのです。

また、ビジネスの世界では、新規客に売るよりも既存顧客に売るほうが「10倍楽」とよく言われます。したがって、新規客は取り続けないと消えていってしまうので、当然取り続けるのですが、一方で、既存顧客へのフォローも欠かさずやっていくというのが大切です。

2　2倍の売上にするには、各ステップを1・2倍にすればよい

考え方を変える

「売上を2倍にしよう」と思っても、なかなか現実にはほど遠いと悩んでおられる経営者も多くいらっしゃるでしょう。しかし、2倍の売上にするには、考え方を変えて、各ステップを現状の2割増し、すなわち1・2倍になるように取り組んでみることをおすすめします。

例えば、集客を1・2倍、育成の部分を1・2倍、成約の部分を1・2倍、フォローを1・2倍という形にすれば、すべてを掛けると2・07倍になります。したがって、そのようにそれぞれに分けて見ていくと2倍の売上にするのは決して難しくないことだと思います。

3　WEB集客ツールをうまく使うのが、弱者の戦略

集客ツール

法人集客でも使えるツールには、目的や期待する効果に合わせてさまざまな方法があります。

まず思い浮かぶのが、ＷＥＢやＤＭ、電話営業、テレアポ、営業マンによる訪問営業活動ではないでしょうか？　その他にも、ＦＡＸＤＭ、Facebook広告、リスティング広告、ＳＥＯ対策なども有力なツールの１つとなります。

また、例えばドクターを見込対象者としてターゲットにした場合、ドクターがよく読む雑誌に広告を出すことも方法として有効な場合もあります。更に、もともと、こちらがターゲットにするリストを持っている方へのアプローチという方法もあります。

例えば、歯科医師専門の税理士さんなどがいらっしゃれば、その税理士さんに対してアプローチをかけるというのも有効な手段の１つです。また、メールマガジンにも、その業界や業種関係者に強いメールマガジンが存在している場合もあります。そこに広告を掲載するメール広告もあります。

いずれにせよ、それぞれ強み・弱みがありますが、それらをうまく組み合わせれば、今までより多くの反応が取れることでしょう。

ではここで、ご参考までにそれらのメリット・デメリットについて解説いたします。

ＦＡＸ（ＤＭ）や郵送型のＤＭ、テレアポ

まず、ＦＡＸやＤＭ、そしてテレアポです。これらはアウトバウンドツールと言われます。また、プッシュ型のメディアの基本とも言われております。

なぜ、それらがプッシュ型のメディアの基本だとされているかと言うと、「法人リスト」が世の

中で基本的に公開（法人情報は公開が原則）されている中で、１番手軽なツールとなるからです。

それを手軽なツールとして使えるようにするために、弊社のようなリストに基づいてサービスを提供する会社が、日々ひたすら様々なルートからリストを収集し、利用者の目的に合わせて使いやすいようにまとめております。

まとめ方は様々ですが、例えば、業種や地域、従業員数、資本金などを分類の目安にして、そこに何らかの評価を加えてリストを作成しています。だからこそ、それを目的に合わせてターゲットを決めて効果的な案内を送ることができるのです。

郵送型のＤＭのメリット・デメリット

郵送型のＤＭは単価が高くなります。手紙の郵送料は、重さにもよりますが、基本的に82円かかりますし、カラーで印刷したら表裏で、数十円と費用がかかります。さらに、見た目をよくするために、デザイナーにレイアウトなどを外注してつくろうとすると、更にプラスのコストが乗っかってきます。

そのようなことから、どうしても高額になってしまうのが郵送でのＤＭ方法です。しかし、郵送のよいところは、ＦＡＸＤＭに比べてカラーですし、ぱっと見のデザインで伝わる良さもあります。そして、信頼性がＦＡＸよりも高くなります。

電話営業

見込客への電話営業に関しても、自社で行うのと代行会社に委託する方法があります。

例えば、自社で行った場合、なかなかアポが取れないため、社員の心が折れるといったことなどがあり、うまく行かないケースがよくあります。

また、100件電話して2~3件反応が取れるかどうかといった厳しさもあります。

では、この作業を外注した場合はどうかと言いますと、1件電話かけるので、例えば基本的に1件当たり単価が数百円かかるため、相当な予算を準備する必要があります。

筆者の経験上で言えば、電話営業は直接お客様とのコミュニケーションがはかれ、お客様の反応次第で対応を変えられるために、反応率では一番高いのではないかと思います。

前述させていただいた『ベネフィット』を伝えるトークができると、アポ取得率も高くなりますので、テレアポをされる方はぜひ、トークを磨きあげてからアタックしてみてください。

リストを活用して、新規開拓を考えた時、すぐにできるのは、FAXDM、DM、電話営業の3点となります。

メールマガジン広告

なお、メールマガジン広告のようなニッチメディアと言われる媒体を利用すると、意外と高い反応率が出ることがあります。

読者にとってそのメールマガジンは、自分が欲しい情報だから購読しています。つまり、メールマガジンの内容は高い確率で読まれているのです。さらにそのメールマガジンの発行者や執筆者には、読者から高い信頼があると考えられます。したがって、広告主は、その信頼を借りることができます。このような形で高い反応率を得ることができるのです。

しかし、そのデメリットは、１回の掲載料が数十万円と高額になる場合があることですし、地域を絞ったり、属性を絞ることなどは難しくなります。

また、掲載費用も高額なので、他の媒体で上手くいってからこちらの媒体でも攻めてみるという流れが適切だと思います。

なお、これらのようなアウトバウンド型のものだけでなく、一方で、リスティング広告、Facebook広告、ＳＥＯというインバウンドを中心としたオンライン上の集客方法もあります。

リスティング広告、Facebook広告、ＳＥＯ

まずリスティング広告とＳＥＯは「自然検索」ができます。ちなみに、リスティング広告とは、検索エンジンなどの検索結果ページに掲載される広告のことを言います。広告主は、閲覧者が広告をクリックすると課金されるクリック課金型で行なっていることが多いです。

ＳＥＯとはSearch Engine Optimizationの略で、検索エンジン最適化を意味する言葉で、検索結果でＷＥＢサイトの露出頻度を高めるために行う一連の取り組みのことを指します。たとえば、GoogleやYahooで検索をした時に、見込み客に適切なキーワードで検索してもらうため、上位表示をするための取組みです。

これらのメリットは、閲覧者が自らの意思で検索するメディアであることです。

たとえば、弊社は、「ＦＡＸＤＭ」というキーワードで6年間継続して、検索順位1位を獲得していますが、ＦＡＸＤＭに興味がない人は、検索をすることはあり得ません。

つまり、閲覧者が検索しようとしている時点でニーズが顕在化しています。したがって、すぐに閲覧者に決意や行動をしてもらいやすい形になっているのです。

リスティング広告とSEOとの違い

リスティング広告とＳＥＯには大きな違いがあります。

Googleでリスティング広告を行う場合、Googleの審査が降りたら一瞬にして表示順位を1位に上げることができます。仕組みとしては、簡単に言うとオークション形式であり、金額を入札します。広告品質というものがあり、ただ金額だけではありませんが、基本的には1番高額な金額を縫う冊した広告主の媒体が上にあがるという形をとっています。

例えば、今すぐお客を捕まえたいなということがあれば、すぐに表示順位を上げて24時間以内に希望を叶えることが可能です。しかしその分、1クリックの単価が高額で、例えば「看護師　求人」というキーワードの場合、1クリック単価がいくらになるかご存知ですか？

なんと1万円前後です。

つまり、１００クリックして2～3件の成約がひとつの目安になってくるとすると、１人採用を決めるために30万円～50万円かかるということです。

一方、ＳＥＯは、上位表示できるようにするまでに時間がかかります。また、そうするための作業に手間もかかります。過去においては、ＳＥＯはブラックＳＥＯと言われ、荒業ですぐに検索エンジンの順位を上げることができた時期もありました。しかし、それを今日Googleは対策をしており、封じていますので、今はすぐには上位表示するのは難しくなってきました。

効果的な追いかけ広告

追いかけ広告（「リマーケティング広告」または「リターゲティング広告」）も連動させることが重要です。

追いかけ広告は、過去にサイトに訪れたことのある人（サイトを1度でも見た人）に対して表示される広告です。ちなみに、GoogleとYahoo!では次のような使い分けがなされています。

Googleでは「リマーケティング広告」、Yahoo!では「リターゲティング広告」と呼んでいます。

この広告は、リピーター（既存客）は見込客よりも売上に結びつく可能性が高いため、非常に費用対効果が高い広告だと言われています。

人の記憶はどうしてもときが経てば物事を忘却していってしまうものです。その点でいつでもこの広告が目につく状態にあることで、「やっぱり、ここにしよう」と、いずれ購入する可能性が高まるのです。その表示できる場所ですが、アメブロの無料ブログの広告枠であったり、Facebook

の右側の広告枠に表示するなんてこともできます。1度、自分で検索して見ていた会社の広告が出てくるわけですから、いざ申し込もうというときに、忘れられないで済みます。

これ、すごい大事なことだということおわかりいただけますよね。ちなみに、現時点ではこの広告を設定しているところはまだ少ないため、通常のリスティング単価の6分の1程度と費用が安いです。

成約率が高い Facebook 広告

近年、WEB上のメディアで1番、費用対効果が高いのはFacebook 広告だと思います。

Facebook を利用した広告の種類には、Facebook 広告、Facebook スポンサー記事広告、プロモーテッド・ポスト（ページ投稿の広告）があります。

Facebook 広告の特長として、配信設定を細かく行うことができ、広告を届けたいユーザーにのみ表示させることが可能です。例えば、不動産会社がマンションのオーナーを募集する際に、そのための募集広告を出そうとする場合、その顧客のターゲットとしては、上場企業に勤務していて、ある程度の貯蓄や年収のある人が見込客として有望です。そのような場合には、上場企業に勤務しているかどうか、また、年収の額などで個人の属性が絞れ、ユーザーが住む地域も絞れます。そうしたことから、ターゲットを絞ることで無駄を極力なくし、効果・効率の高い広告を出すことができるのです。

Facebook は、ポピュラーなSNSとして、1日に1回程度はユーザーに見られていたりしますし、滞在時間が長いメディアのため、広告を見る時間も長くなるため、思いのほか高い成約率が得られるメディアとなっています。

1つの方法に頼らず、複合的に使うと効果的

これらを単体で使うのではなく、もし組み合わせてより効果を上げたいのなら、リスティング広告とＦＡＸＤＭを組み合わせて、インバウンド型とプッシュ型を使い分けながら、使っていくことをおすすめいたします。

また、余力があれば、ＳＥＯも長期的な視野で取り組むことをおすすめします。

なお、ＳＥＯは、難しいことはあまり考えず、このキーワードで上位表示させたいと思ったら、ホームページのタイトルにそのキーワードを入れてみてください。ただ、それだけで月日が経つにつれて、知らない間に検索してみると、上位表示していることでしょう。

そして、現在、費用対効果が非常に高いFacebook広告に関しても、組み合わせると良いでしょう。

ポイントは、第1章でも述べさせていただいた「小冊子」などの無料オファーを使うことです。

同時に、紙やネット、メールなど露出を増やすことで、ほど良く人気ある情報」かも、と感じるため反応が出やすくなります。

もちろん、単体でも効果はありますが、うまく組み合わせて行うと、安心して継続的に見込み客を獲得することができるようになります。

〝クレームがあるのは当たり前〟への挑戦

最後になりますが、筆者は、ＦＡＸ配信業界の常識を変えていきたいという思いがあります。

「ＦＡＸＤＭはクレームがあるのはあたりまえ」

このことは、あなたも聞いたことがあると思いますし、理解していただいているかと思います。

しかし、それって本当によいことでしょうか？

そう思うのです。

ＦＡＸＤＭは、「紙代」と「インク代」をＦＡＸの受け手の方に負担していただくサービスです。ですので、コスト負担が非常に安く、送り手に優しいもの。しかし、その結果、クレームが発生し、「ＦＡＸＤＭなんて嫌い」という人を増やしてよいのかと思うのです。

そこで、筆者は、ＦＡＸＤＭにハードクレームを頂いた方に、謝罪の意味も含めて、ご意見をいただくことを繰り返しました。

その中でいただいた意見は複数ありましたが、大きな点は、次の３つです。
①貸金（違法性がある）のＦＡＸが多く、気持ちが下がる。
②ＦＡＸを受けたくないのに、どんどん送ってこられる。
③自分には無関係のＦＡＸが届く。

言われてみれば、当たり前のことですが、利益を得たいＦＡＸ配信会社にとっては目をつむりたい部分であり、実際、多くのＦＡＸ配信会社では目をつむっている部分です。

以前、Yahoo!News にも書かれていましたが、詐欺ＦＡＸについては配信枚数は数十万通と書かれておりますので配信業者としては非常にありがたいことでしょう。

そして、配信先が多ければ、多いほど配信会社としては利益があがります。

配信停止先は少ないほうが、業者としてはうれしいのです。

ただ、「目先の利益よりも、業界の改善のほうが当然ですが、大事です」

弊社としては、１００％完璧とは言えませんが、この3点に対する対策を行っています。まだまだ改善を重ねている段階ですので、完璧ではないことをお許しください。

①の「詐欺ＦＡＸ」については、お引き受けしていないことはお伝えしましたが、

②の「ＦＡＸを受けたくないのに、どんどん送ってこられる」ことについては、ＦＡＸＤＭを送ってほしくないというリストを1つひとつ手作業としてデータ化をし、会社として25万件以上の配信停止リストを構築しました。

このことで、ハードクレームが来たという話はお客様よりほとんど聞かなくなりました。

なお、他社さんでも同様の配信停止リストがあるとお客様にお聞きいたしましたが、実際は「お客様がすでに配信した全リストを配信停止に入れている」ということが多く、本当の意味での配信停止リストになっていないばかりか、反応があるリストもそこに混ざって入ってしまっているとの

ことです。

それでは意味がないばかりかマイナスです。

また、③については、法人リストを毎月、最新のものを抽出し、最新リストを一から構築しますので、すでにいない会社はほとんどなくなり、実在する会社のリストが構築でき、受け手とのズレが生じることが少なくなっています。

また、原稿アドバイスをしっかり行うことで、受け手に伝わるメッセージに改善させていただいているのも、反応率を上げるだけでなく、受け手に不快感を与えないための行いでもあります。

これらについては、正直、非常に「手間と時間」がかかりますので、他社様では行っておりませんし、実際、できないことだと思いますが、手間をかけてでもこれらを行いたいのは、「ＦＡＸＤＭはクレームが来るのはあたりまえ」という常識を崩したいからであるという認識にあるのです。

この「ＦＡＸＤＭはクレームが来るのはあたりまえ」という業界の当たり前への改善に、読者の皆様もぜひご協力いただけたらうれしく思います。

この書籍では、おそらくほとんどの方が活用しきれていない「ＦＡＸＤＭ」というツールを中心に述べさせていただきましたが、いかがでしたでしょうか？

弱者である無名企業でも、たった1枚の白黒原稿をつくり上げることで、業界地図を塗り替えるほどの成果をだせる。そんな可能性を少しでも感じて頂けたら嬉しく思います。

今回の書籍のテーマは「ＷＥＢとＦＡＸＤＭで成果を10倍上げる方法」でした。ＷＥＢについては世の中に多数の情報がありますので、この書籍ではＦＡＸＤＭについてを中心に述べさせていただきましたが、いかがでしたでしょうか？

ＦＡＸＤＭは、アイデア次第で、即、どかん！　と収益を上げるツールです。しかし、継続的に収益をあげるためには、ＷＥＢ集客のスキルが必須です。

１つのツールにこだわりすぎると、突破口が見えなくなってしまいます。こだわり過ぎず、集約方法は組み合わせて最高の集客パターンをつくっていただけたら幸いです。

著者略歴

伊之上　隼（いのうえ　はやと）

株式会社ファーストストラテジー　代表取締役

2011年8月に創業し、ＦＡＸＤＭならびにＷＥＢ集客を活用し、年間1000社以上の新規集客を行い続けており、すでに6500社の顧客を抱える。（2017年11月現在）

ＷＥＢ集客についても詳しく、ＳＥＯ会社に向けてＷＥＢ集客を含めたコンサルティングを行っている。

現在、ＦＡＸＤＭやＷＥＢだけでなく、Ｂ２Ｂマーケティング全体での最適化についてできる人材育てのため、セミナー等で指導を行っている。

６歳の双子の娘の父であり、育メン活動奮闘中。

https://faxdm.jp/column　にて、ＦＡＸＤＭノウハウブログ掲載中
・セールスコピーライティング普及協会理事
・日本適性力学協会理事
・全日本ＬＰＯ協会認定エグゼクティブコンサルタント
・全日本ＳＥＯ協会認定ＷＥＢコンサルタント
・全日本ＳＥＯ協会認定ＰＰＣコンサルタント
・日本ビジネスメール協会認定講師

法人顧客からの受注を10倍にするFAXDM×WEB活用の集客術

2018年2月20日　初版発行　2023年1月12日　第4刷発行

著　者　伊之上　隼　©Hayato Inoue

発行人　森　忠順

発行所　株式会社 セルバ出版
〒113-0034
東京都文京区湯島1丁目12番6号 高関ビル5B
☎03（5812）1178　FAX 03（5812）1188
https://seluba.co.jp/

発　売　株式会社 創英社／三省堂書店
〒101-0051
東京都千代田区神田神保町1丁目1番地
☎03（3291）2295　FAX 03（3292）7687

印刷・製本　株式会社 丸井工文社

Printed in JAPAN
ISBN978-4-86367-396-0